数　学

（上　册）

主　编　张德发　周　敏　梁　波
副主编　张光荣　杨　博　田兴春
　　　　夏慧瑶　王定梅
主　审　周　柱

北京理工大学出版社
BEIJING INSTITUTE OF TECHNOLOGY PRESS

内 容 简 介

本套教材是根据教育部 2009 年颁布的《中等职业学校数学教学大纲》、贵州省中职单报高职数学考纲和考试范围,并参照中等职业教育改革国家规划新教材编写的.教材坚持"教学大纲"对"课程目标"的定位,内容选取严格遵循"教学大纲"对认知要求和技能与能力要求的规定,主要选取贵州省中职单报高职的考试内容.

根据"教学大纲"和贵州省中职单报高职数学考试范围对教材内容结构的规定,本套教材分为上、下两册,共八个部分.上册主要内容包括:集合与充要条件、基本初等函数、不等式、三角函数.下册内容主要包括:数列、直线的方程、圆的方程、圆锥曲线的方程、贵州省中职单报高职统一升学考试数学试题 8 套和贵州省中职单报高职考试数学模拟试题 4 套.本书以"服务学生"为宗旨,以提高学生就业为导向,贯彻以"实用"为目标的中等职业教育方针.本套教材的基本概念和公式的定位、表述准确,选取案例贴近生活,具有较好的实用性,体现了"数学源于生活,又服务于生活"的理念.

教材配备同步课堂练习、课后习题,各章节均有总复习题,可以达到"以练促学,学以致用"的目的.

版权专有　侵权必究

图书在版编目(CIP)数据

数学. 上册 / 张德发,周敏,梁波主编. —北京：北京理工大学出版社,2018.6 (2020.8 重印)

　ISBN 978-7-5682-5690-2

Ⅰ. ①数… Ⅱ. ①张…②周…③梁… Ⅲ. ①数学课-中等专业学校-教材 Ⅳ. ①G634.601

中国版本图书馆 CIP 数据核字（2018）第 119144 号

出版发行 /	北京理工大学出版社有限责任公司
社　　址 /	北京市海淀区中关村南大街 5 号
邮　　编 /	100081
电　　话 /	(010)68914775(总编室)
	(010)82562903(教材售后服务热线)
	(010)68948351(其他图书服务热线)
网　　址 /	http://www.bitpress.com.cn
经　　销 /	全国各地新华书店
印　　刷 /	定州市新华印刷有限公司
开　　本 /	787 毫米×1092 毫米　1/16
印　　张 /	9.5
字　　数 /	223 千字
版　　次 /	2018 年 6 月第 1 版　2020 年 8 月第 3 次印刷
定　　价 /	29.00 元

责任编辑 / 王美丽
文案编辑 / 孟祥雪
责任校对 / 周瑞红
责任印制 / 边心超

图书出现印装质量问题,请拨打售后服务热线,本社负责调换

前　言

为贯彻《国务院关于大力发展职业教育的决定》〔2005〕35号精神,落实《教育部关于进一步深化中等职业教育改革的若干意见》、教职成〔2008〕8号《关于加强中等职业教育教材建设,深化教学理念基本纲要》和《贵州省职业教育条例》的要求,加快发展现代职业教育,全面提高劳动者素质,促进就业,服务经济社会发展,确保现行中等职业教育改革的顺利进行,全面提高教育教学质量,在学校校长周柱、分管教学副校长罗勇智担任主审,教科室主任张昌均、教学部主任吴江多次督促与指导下,经参编教师的不懈努力,本套中职《数学》(上、下册)终于顺利出版,投入使用.参编教师从事一线职业教育数学教学多年,加上学校领导的重视和指导,保证了这套教材的编写质量与实用性.

本套教材紧紧围绕中等职业教育的培养目标,遵循职业教育的教学规律,从经济社会发展对高素质劳动者和技能型人才发展影响出发,在课程结构、教学内容、教学方法方面进行了探索与创新.教材内容结合中职学生学习生活实际,符合学生认知规律.教材结构按实例或问题引入,首先是新知识,然后是知识巩固、练习及习题,每一章后面有本章总复习,有利于提高中职学生的逻辑思维水平、科学素养和职业能力,对提高教育教学质量起到积极的推动作用.

本套教材的编写主要体现以下特色:

1. 突出基础性

在保证教材科学性的基础上,立足使学生"一学就懂,一看就会",不刻意追求学科的完整性.降低教材难度,减轻学生负担.

2. 突出实用性

数学知识来源于生活,又服务于生活.引用的实例贴近生活,让学生知道学习数学的重要性和实用性.

3. 突出职业性

该教材是根据贵州省中职单报高职数学统一升学考试范围编写的,能够很好地让学生轻松学好中职数学知识.

4. 注重知识的衔接

在编写过程中,知识衔接符合学生认知规律,从学生实际情况出发,做好与九年义务教育阶段的衔接.

5. 培养能力性

在编写过程中,编者考虑到中职学生数学基础普遍较弱、差异较大,因此各章节中基础性题目较多.一些章节带"＊"的题型有一定的难度,有激发学生对知识的渴望与探索的作用,以满足不同层次学生的学习需求.

6. 体现时代性

一方面,本套《数学》教材要求授课教师少用传统的教学模式,多用多媒体教学方式,既方便教师的教学,又能提升学生学习数学的兴趣和效果.

7. 增强趣味性

本套《数学》教材根据中职学生的年龄与心理特点、基础现状,设置了实例、问题、新知识、知识巩固、课堂练习、想一想、小资料、名人名言、现代信息技术应用、阅读与欣赏等板块,增加了教材的趣味性,激发了学生学习数学的兴趣.每章后面均安排了总复习A、B两种题目,是对本章知识和以往知识的巩固与提高;其他内容主要介绍一些数学科学史,目的在于拓宽学生视野,激发学生对知识的追求.

8. 语言文字简洁、准确、通俗易懂

本套教材中的数学符号使用严格,执行的是国际、国家有关技术标准和规定.全套教材紧紧围绕贵州省中职单报高职统一升学考试数学的考试范围编写,在注重中职学生应具备的数学知识与数学能力培养的同时,也有助于参加对口升学高职考试的中职学生提升数学考试成绩,尤其是最后一道数学应用考题的题型模块,很有参考价值.

本套教材分上、下两册,建议有意向参加中职单报高职考试的学生选用,课时安排建议每周四课时,上册为第一学年使用,下册为第二学年使用.不参加中职单报高职考试的学生,授课教师可根据本专业学生的实际情况和专业需要进行选学,课时数由学校自行决定.

本套教材由张德发、周敏担任主编,由杨博、田兴春、张光荣担任副主编.杨博参与编写第一部分至第五部分.衷心感谢周柱校长,分管教学副校长罗勇智,教科室主任张昌均、教学部主任吴江给予的支持.同时,也感谢桐梓县中等职业学校梁波,陈晓刚,绥阳县中等职业学校田兴春校长,贵阳市经济贸易学校徐百胜等同行.还有北京理工大学出版编辑等工作人员为本套教材付出艰辛的努力.他们在本书编写过程中提出了宝贵的意见与建议.由于编者的学术水平有限、时间短、任务重,书中疏漏之处难免,敬请广大读者提出宝贵的意见与建议.意见和反馈可发至邮箱291589120@qq.com.

编　者

目　　录

第一部分　集合与充要条件 ··· 1

1.1　集合的概念 ··· 2
1.2　集合的表示方法 ·· 4
1.3　集合之间的关系 ·· 7
1.4　集合之间的运算 ·· 9
1.5　充要条件 ··· 13

第二部分　基本初等函数 ··· 22

2.1　函数的概念及表示方法 ·· 23
2.2　函数的基本性质 ·· 31
2.3　指数函数 ··· 42
2.4　对数函数 ··· 51
2.5　幂函数 ·· 65
2.6　函数的实际应用 ·· 66

第三部分　不等式 ·· 74

3.1　不等式的基本性质 ·· 75
3.2　不等式的解法 ··· 80
3.3　含有绝对值的不等式 ··· 90
3.4　不等式的应用 ··· 94

第四部分　三角函数 ··· 99

4.1　角的概念推广 ·· 100
4.2　弧度制 ··· 104
4.3　任意角的三角函数 ··· 109
4.4　同角三角函数的基本关系 ·· 115
4.5　诱导公式 ·· 119
4.6　三角函数的图像和性质 ··· 131
4.7　已知三角函数值求角 ··· 136

第一部分

集合与充要条件

- 1.1 集合的概念
- 1.2 集合的表示方法
- 1.3 集合之间的关系
- 1.4 集合之间的运算
- 1.5 充要条件

现实世界中的许多运动变化现象都表现出变量之间的依赖关系.数学上,我们用函数模型描述这种依赖关系,并通过研究函数的性质了解它们的变化规律.

函数是高中数学的重要内容之一.函数的基础知识在现实生活、社会、经济及其他学科中有着广泛的应用;函数与代数式、方程、不等式等内容联系非常密切;函数概念及其反映出的数学思想方法已广泛渗透到数学的各个领域,是进一步学习数学的重要基础;函数的概念是运动变化和对立统一等观点在数学中的具体体现.

集合是现代数学的基本语言,可以简洁、准确地表达数学内容.在本章,我们将学习集合的一些基本知识,用集合语言表示有关数学对象,并运用集合和对应的语言进一步描述函数概念,感受建立函数模型的过程和方法,初步运用函数思想理解和处理生活、社会中的简单问题.

1.1 集合的概念

实例

在小学和初中,我们已经接触过一些集合.例如,自然数的集合,有理数的集合,不等式 $x-2<3$ 的解的集合,到一个定点的距离等于定长的点的集合(即圆),到一条线段的两个端点距离相等的点的集合(即这条线段的垂直平分线)……

那么,集合的概念是什么呢?我们再来看下面的一些例子:

(1) 1~10 的所有素数;

(2) 我国在 2006—2016 年发射的所有人造卫星;

(3) 2016 年 2 月前,与我国签署"一带一路"的相关合作协议的沿线国家;

(4) 2016 年 1 月 1 日之前与中华人民共和国建立外交关系的所有国家;

(5) 所有的三角形;

(6) 到定点 O 的距离等于定长 d 的所有点;

(7) 方程 $x^2+3x-2=0$ 的所有实数根;

(8) 2017 年 9 月入学的所有职业学校高中一年级(以下简称职高一)学生.

例(1)中,我们把 1~10 的每一个素数作为元素,这些元素的全体就是一个集合;同样地,例(2)中,把我国在 2006—2016 年发射的每一颗人造卫星作为元素,这些元素的全体也是一个集合.

思考

上面的例(3)到例(8)也都能组成集合吗?它们的元素分别是什么?

新知识

一般地,我们把研究对象统称为**元素**(Element),把一些元素组成的总体叫作**集合**(Set)(简称为**集**).

给定的集合,它的元素必须是确定的.也就是说,如果给定一个集合,那么任何一个元素在不在这个集合中就确定了.例如,"中国的直辖市"构成一个集合,北京、上海、天津、重庆在这个集合中,贵州、云南、海南……不在这个集合中."头发较长的学生"不能构成集合,因为组成它的元素是不确定的.

一个给定集合中的元素是互不相同的.也就是说,集合中的元素是不重复出现的.

只要构成两个集合的元素是一样的,我们就称这两个集合是**相等**的.

思考

判断以下元素的全体是否可以组成集合,并说明理由:

(1) 大于 2 小于 13 的偶数;
(2) 我国的小河流.

我们通常用大写拉丁字母 $A,B,C,\cdots$ 表示集合,用小写拉丁字母 $a,b,c,\cdots$ 表示集合中的元素.

如果 a 是集合 A 的元素,就说 a **属于**集合 A,记作 $a\in A$;如果 a 不是集合 A 中的元素,就说 a **不属于**集合 A,记作 $a\notin A$.

例如,我们用 A 表示"$1\sim 10$ 的所有素数"组成的集合,则有 $3\in A, 4\notin A$,等等.

数学中一些常用的数集及其记法
全体非负整数组成的集合称为**非负整数集**(或**自然数集**),记作 **N**;
所有正整数组成的集合称为**正整数集**,记作 **N*** 或 **N**$_+$;
全体整数组成的集合称为**整数集**,记作 **Z**;
全体有理数组成的集合称为**有理数集**,记作 **Q**;
全体实数组成的集合称为**实数集**,记作 **R**.

从上面的例子看到,我们可以用自然语言描述一个集合.除此之外,还可以用什么方法表示集合呢?

知识巩固

例 1 下列对象能否组成集合?
(1) 所有小于 10 的自然数;
(2) 某班头发长的同学;
(3) 方程 $x^2-1=0$ 的所有解;
(4) 不等式 $x-2>0$ 的所有解.

解 (1) 小于 10 的自然数包括 0、1、2、3、4、5、6、7、8、9 十个数,由于它们是确定的对象,因此它们可以组成集合.

(2) 头发长没有具体的标准,由于它们是不确定的对象,因此不能组成集合.

(3) 方程 $x^2-1=0$ 的解是 -1 和 1,由于它们是确定的对象,因此可以组成集合.

(4) 解不等式 $x-2>0$,得 $x>2$,由于它们是确定的对象,因此可以组成集合.

练习 1.1

1. 用符号"$\in$"或"$\notin$"填空:
   (1) -2 ____ **N**,0.3 ____ **N**,3 ____ **N**;
   (2) 1.5 ____ **Z**,-5 ____ **Z**,3 ____ **Z**;
   (3) -0.3 ____ **Q**,π ____ **Q**,7.81 ____ **Q**;
   (4) 1.4 ____ **R**,-1.4 ____ **R**,π ____ **R**.

2. 下列各集合中,哪些是空集?
   (1) 方程 $x^2+1=0$ 的解集;
   (2) 方程 $x+1=2$ 的解集.

1.2 集合的表示方法

实例

2008年北京奥运会,中国乒乓球队取得大满贯的骄人成绩.参赛成员有:张怡宁、郭跃、王楠、王励勤、王皓、马琳(见图1-1).

图1-1

新知识

中国乒乓球队参赛成员集合可以表示为
{张怡宁,郭跃,王楠,王励勤,王皓,马琳}.

一、列举法

我们还可以把"文房四宝"组成的集合表示为{笔、墨、纸、砚},把"方程$(x+1)(x-2)=0$的所有实数根"组成的集合表示为$\{-1,+2\}$.

像这样把集合的元素一一列举出来,并用花括号"{ }"括起来表示集合的方法叫作**列举法**.

知识巩固

例1 用列举法表示下列集合:

(1) 小于10的所有正偶数组成的集合;
(2) 方程$x^2-x-2=0$的所有实数根组成的集合;
(3) 由1~10的所有素数组成的集合.

解 (1) 设小于10的所有正偶数组成的集合为A,那么
$$A=\{2,4,6,8\}.$$
由于元素完全相同的两个集合相等,而与列举的顺序无关,因此集合A可以有不同的列举方法.例如
$$A=\{8,6,4,2\}.$$
(2) 设方程$x^2-x-2=0$的所有实数根组成的集合为B,那么

$$B=\{2,-1\}.$$

(3) 设由 1~10 的所有素数组成的集合为 C,那么
$$C=\{2,3,5,7\}.$$

> **思考**
>
> (1) 你能用自然语言描述集合 $\{2,4,6,8\}$ 吗?
> (2) 你能用列举法表示不等式 $x-7<3$ 的解集吗?

二、描述法

我们不能用列举法表示不等式 $x-7<3$ 的解集,因为这个集合中的元素是列举不完的.但是,我们可以用这个集合中元素所具有的共同特征来描述.

例如,不等式 $x-7<3$ 的解集中所含元素的共同特征是:$x\in\mathbf{R}$,且 $x-7<3$,即 $x<10$.所以,我们可以把这个集合表示为
$$D=\{x\in\mathbf{R}\mid x<10\}.$$

又如,任何一个奇数都可以表示为 $x=2k+1(k\in\mathbf{Z})$ 的形式.所以,我们可以把所有奇数的集合表示为
$$E=\{x\in\mathbf{Z}\mid x=2k+1,k\in\mathbf{Z}\}.$$

用集合所含元素的共同特征表示集合的方法称为**描述法**.具体方法是:在花括号内先写上表示这个集合元素的一般符号及取值(或变化)范围,再画一条竖线,在竖线后写出这个集合中元素所具有的共同特征.

知识巩固

例 2 试分别用列举法和描述法表示下列集合:

(1) 方程 $x^2-1=0$ 的所有实数根组成的集合;
(2) 由大于 10 小于 20 的所有整数组成的集合.

解 (1) 设方程 $x^2-1=0$ 的实数根为 x,并且满足条件 $x^2-1=0$,因此,用描述法表示为
$$A=\{x\in\mathbf{R}\mid x^2-1=0\}.$$
方程 $x^2-1=0$ 有两个实数根 1、-1,因此,用列举法表示为
$$A=\{1,-1\}.$$

(2) 设大于 10 小于 20 的整数为 x,它满足条件 $x\in\mathbf{Z}$,且 $10<x<20$,因此,用描述法表示为
$$B=\{x\in\mathbf{Z}\mid 10<x<20\}.$$
大于 10 小于 20 的整数有 11、12、13、14、15、16、17、18、19,因此,用列举法表示为
$$B=\{11,12,13,14,15,16,17,18,19\}.$$

要指出的是,如果从上下文的关系来看,$x\in\mathbf{R}$,$x\in\mathbf{Z}$ 是明确的,那么 $x\in\mathbf{R}$,$x\in\mathbf{Z}$ 可以省略,只写其元素 x.例如,集合 $D=\{x\in\mathbf{R}\mid x<10\}$ 也可以表示为 $D=\{x\mid x<10\}$;集合 $E=\{x\in\mathbf{Z}\mid x=2k+1,k\in\mathbf{Z}\}$ 也可以表示为 $E=\{x\mid x=2k+1,k\in\mathbf{Z}\}$.

思考

(1) 结合上述实例,试比较用自然语言、列举法和描述法表示集合时,各自的特点和适用的对象.

(2) 自己举出几个集合的例子,并分别用自然语言、列举法和描述法表示出来.

练习 1.2

1. 用列举法表示下列各集合:
   (1) 方程 $x^2-3x-4=0$ 的解集;
   (2) 方程 $4x+3=0$ 的解集;
   (3) 由数 1、4、9、16、25 组成的集合;
   (4) 所有正奇数组成的集合.

2. 用描述法表示下列各集合:
   (1) 大于 3 的所有实数组成的集合;
   (2) 方程 $x^2-4=0$ 的解集;
   (3) 大于 5 的所有偶数组成的集合;
   (4) 不等式 $2x-5>3$ 的解集;
   (5) 由第四象限所有点组成的集合.

习　题 1.1

1. 用符号"$\in$"或"$\notin$"填空:
   (1) 设 A 为所有亚洲国家组成的集合,则:
       中国____A,美国____A,
       韩国____A,日本____A;
   (2) 若 $A=\{x\mid x^2=1\}$,则 -1 ____A;
   (3) 若 $B=\{x\mid x^2+x-6=0\}$,则 3 ____B;
   (4) 若 $C=\{x\in \mathbf{N}\mid 1\leqslant x\leqslant 10\}$,则 8 ____$C$,6.1 ____$C$;
   (5) -3 ____$\mathbf{N}$;
   (6) 3.14 ____$\mathbf{Q}$.

2. 试选择适当的方法表示下列集合:
   (1) 由方程 $x^2-4=0$ 的所有实数根组成的集合;
   (2) 由小于 10 的所有素数组成的集合;
   (3) 一次函数 $y=x+3$ 与 $y=-2x+6$ 的图像的交点组成的集合;
   (4) 不等式 $4x-9<3$ 的解集;
   (5) 平方等于 1 的实数的全体;
   (6) 正奇数的全体;
   (7) 平面 α 内与一定点 D 的距离等于 3 cm 的点的集合;
   (8) 绝对值小于 4 的整数的全体;

(9) 方程 $x^2+5x+6=0$ 的解集.

3. 判断下列语句是否正确？

(1) 由 2、3、2、3 构成一个集合，这个集合共有 4 个元素；

(2) 如果 $a\in \mathbf{Q}, b\in \mathbf{Q}$，则 $\frac{1}{2}a+\frac{1}{3}b\in \mathbf{Q}$；

(3) $0\in \mathbf{N}_+$；

(4) $\sqrt{3}\in \mathbf{R}$.

1.3 集合之间的关系

> **思考**
> 实数有相等关系、大小关系，如 $4=4, 4<7, 4>3$，等等. 类比实数之间的关系，你会想到集合之间的什么关系？

一、子集关系

1. 观察下面几个例子，你能发现两个集合间的关系吗？

(1) $A=\{1,2,3\}, B=\{1,2,3,4,5\}$；

(2) 设 A 为黔西职业学校高一(2)班全体女生组成的集合，B 为这个班全体学生组成的集合；

(3) 设 $C=\{x\mid x$ 是两条边相等的三角形$\}$，$D=\{x\mid x$ 是等腰三角形$\}$.

可以发现，在(1)中，集合 A 的任何一个元素都是集合 B 的元素. 这时我们说集合 A 与集合 B 有包含关系.(2)中的集合 A 与集合 B 也有这种关系.

一般地，对于两个集合 A、B，如果集合 A 中任意一个元素都是集合 B 中的元素，我们就说这两个集合有包含关系，称集合 A 为集合 B 的**子集**，记作
$$A\subseteq B(\text{或} B\supseteq A),$$
读作"A 包含于 B"(或"B 包含 A").

在数学中，我们经常用平面上封闭曲线的内部代表集合，这种图称为维恩 Venn 图. 这样，上述集合 A 和集合 B 的包含关系，可以用图 1-2 表示.

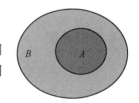

图 1-2

二、相等关系

在(3)中，由于"两条边相等的三角形"是等腰三角形，因此集合 C、D 都是由所有等腰三角形组成的集合. 即集合 C 中任何一个元素是集合 D 中的元素，同时，集合 D 中任何一个元素也都是集合 C 中的元素.

请你举出几个具有包含关系、相等关系的集合实例.

此时,集合 A 与集合 B 中的元素是一样的,因此,集合 A 与集合 B 相等❶,记作
$$A=B.$$

❶ 与实数中的结论"若 $a\geqslant b$,且 $b\geqslant a$,则 $a=b$"相类比,你有什么体会?

三、真子集关系

如果集合 $A\subseteq B$,但存在元素 $x\in B$,且 $x\notin A$,则我们称集合 A 是集合 B 的**真子集**(Proper Subset),记作
$$A\subsetneqq B(\text{或 } B\supsetneqq A),$$
读作"A 真包含于 B"(或"B 真包含 A").

例如,在(1)中,$A\subseteq B$,但 $4\in B$,且 $4\notin A$,所以集合 A 是集合 B 的真子集.

四、空集关系

我们知道,方程 $x^2+1=0$ 没有实数根,所以,方程 $x^2+1=0$ 的实数根组成的集合中没有元素.

我们把不含任何元素的集合叫作**空集**(Empty Set),记为 $\varnothing$,并规定,空集是任何集合的子集.空集是任何非空集合的真子集.

你能举出几个空集的例子吗?

> **思考**
> 包含关系 $\{a\}\subseteq A$ 与属于关系 $a\in A$ 有什么区别?试结合实例作出解释.

由上述集合之间的基本关系,可以得到下列结论:

(1) 任何一个集合是它本身的子集,即
$$A\subseteq A;$$

(2) 对于集合 A、B、C,如果 $A\subseteq B$,且 $B\subseteq C$,那么 $A\subseteq C$;

(3) 如果 $A\subseteq B$,$B\subseteq A$,那么 $A=B$;

(4) 空集是任何集合的子集.

知识巩固

例 1 写出集合 $\{a,b\}$ 的所有子集,并指出哪些是它的真子集.

解 集合 $\{a,b\}$ 的所有子集为 $\varnothing,\{a\},\{b\},\{a,b\}$;真子集为 $\varnothing,\{a\},\{b\}$.

例 2 说出以下两个集合之间的关系:

(1) $A=\{2,4,5,7\}$,$B=\{2,7\}$;

(2) $E=\{x|x^2=1\}$,$F=\{-1,1\}$;

(3) $G=\{x|x \text{ 是正偶数}\}$,$H=\{x|x \text{ 是自然数}\}$.

解 (1) $B\subsetneqq A$;(2) $E=F$;(3) $G\subsetneqq H$.

例 3 设集合 $A=\{x|x>0\}$,$B=\{x|1\leqslant x\leqslant 5\}$,指出集合 A 与集合 B 之间的关系.

解 在同一个数轴上作出这两个集合(见图 1-3),观察图形.根据定义可知,集合 B 是集合 A 的真子集,即 $A\supsetneq B$.

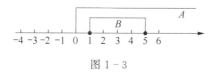

图 1-3

练习 1.3

1. 写出集合 $\{a,b,c\}$ 的所有子集.
2. 用适当的符号($\in,\notin,=,\subsetneq,\supsetneq$)填空:
   (1) a ____ $\{a,b,c\}$;
   (2) 0 ____ $\{x|x^2=0\}$;
   (3) $\varnothing$ ____ $\{x\in\mathbf{R}|x^2+1=0\}$;
   (4) $\{0,1\}$ ____ $\mathbf{N}$;
   (5) $\{0\}$ ____ $\{x|x^2=x\}$;
   (6) $\{2,1\}$ ____ $\{x|x^2-3x+2=0\}$;
   (7) $\varnothing$ ____ $\{0\}$;
   (8) $\{x|x>1\}$ ____ $\{x|x-1>0\}$;
   (9) $\{a,b\}$ ____ $\{b,a\}$;
   (10) 5 ____ $\{5\}$.
3. 判断下列两个集合之间的关系:
   (1) $A=\{1,2,4\},B=\{x|x\text{ 是 }8\text{ 的约数}\}$;
   (2) $A=\{x|x=3k,k\in\mathbf{N}\},B=\{x|x=6z,z\in\mathbf{N}\}$;
   (3) $A=\{x|x\text{ 是四边形}\},B=\{x|x\text{ 是平行四边形}\}$;
   (4) $A=\{x|x\text{ 是正方形}\},B=\{x|x\text{ 是矩形}\}$.
4. 设集合 $A=\{x|-1<x<2\},B=\{x|-3<x\leqslant 5\}$,指出集合 A 与集合 B 之间的关系.

1.4 集合之间的运算

> **思考**
>
> 我们知道,实数有加法运算.类比实数的加法运算,集合是否也可以"相加"呢?
> 考察下列各个集合,你能说出集合 C 与集合 A、B 之间的关系吗?
> (1) $A=\{1,3,5\},B=\{2,4,6\},C=\{1,2,3,4,5,6\}$;
> (2) $A=\{x|x\text{ 是有理数}\},B=\{x|x\text{ 是无理数}\},C=\{x|x\text{ 是实数}\}$.

1.4.1 并集

新知识

在上述两个问题中,集合 A、B 与集合 C 之间都具有这样一种关系:集合 C 是由所有属于集合 A 或属于集合 B 的元素组成的.

一般地,由所有属于集合 A 或属于集合 B 的元素组成的集合,称为集合 A 与 B 的**并集**,记作 $A \cup B$(读作"A 并 B"),即
$$A \cup B = \{x \mid x \in A, \text{或 } x \in B\}.$$
可用维恩 Venn 图 1-4 表示.

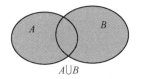

图 1-4

这样,在问题(1)(2)中,集合 A 与 B 的并集是 C,即
$$A \cup B = C.$$

知识巩固

例 1 设 $A=\{4,5,6,8\}$,$B=\{3,5,7,8\}$,求 $A \cup B$.

解 $A \cup B = \{4,5,6,8\} \cup \{3,5,7,8\}$
$= \{3,4,5,6,7,8\}$.

> 在求两个集合的并集时,它们的公共元素在并集中只能出现一次.如元素 5、8.

例 2 设集合 $A=\{x \mid -1<x<2\}$,集合 $B=\{x \mid 1<x<3\}$,求 $A \cup B$.

解 如图 1-5 所示
$A \cup B = \{x \mid -1<x<2\} \cup \{x \mid 1<x<3\}$
$= \{x \mid -1<x<3\}$.

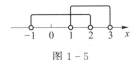

图 1-5

例 3 已知 $A=\{x \mid x \geqslant 1\}$,$B=\{x \mid x<5\}$,求 $A \cup B$.

解 $A \cup B = \{x \mid x \geqslant 1\} \cup \{x \mid x<5\} = \mathbf{R}$.

我们还可以在数轴上表示例 3 中的并集 $A \cup B$.

思考

下列关系式成立吗?
(1) $A \cup A = A$;
(2) $A \cup \varnothing = A$.

练习 1.4.1

1. 设 $A=\{-1,0,1,2\}$, $B=\{0,2,4,6\}$, 求 $A\cup B$.
2. 设 $A=\{x|-2<x<2\}$, $B=\{x|0\leqslant x\leqslant 4\}$, 求 $A\cup B$.
3. 设 $A=\{x|x^2-4x-5=0\}$, $B=\{x|x^2=1\}$, 求 $A\cup B$.

1.4.2 交集

新知识

观察下面的问题,集合 A、B 与集合 C 之间有什么关系?

(1) $A=\{1,2,7,8,11\}$, $B=\{4,6,8,13\}$, $C=\{8\}$;

(2) $A=\{x|x$ 是黔西职校 2017 年 9 月在校的女同学$\}$, $B=\{x|x$ 是黔西职业学校 2017 年 9 月在校的高一年级同学$\}$, $C=\{x|x$ 是 9 月在校的黔西职业学校高一年级女同学$\}$.

我们看到,在上述问题中,集合 C 是由那些既属于集合 A 又属于集合 B 的所有元素组成的集合.

一般地,由属于集合 A 且属于集合 B 的所有元素组成的集合,称为集合 A 与集合 B 的**交集**,记作 $A\cap B$(读作"A 交 B"),即

$$A\cap B=\{x|x\in A, \text{且} x\in B\}.$$

可用维恩 Venn 图 1-6 表示.

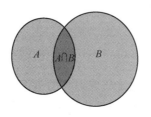

图 1-6

这样,在上述问题(1)、(2)中,$A\cap B=C$.

知识巩固

例 4 黔西职校开运动会,设

$A=\{x|x$ 是黔西职业学校高一年级参加百米赛跑的同学$\}$,

$B=\{x|x$ 是黔西职业学校高一年级参加跳高比赛的同学$\}$,

求 $A\cap B$.

解 $A\cap B$ 就是黔西职业学校高一年级同学中那些既参加百米赛跑又参加跳高比赛的同学组成的集合.所以,$A\cap B=\{x|x$ 是黔西职业学校高一年级中既参加百米赛跑又参加跳高比赛的同学$\}$.

例 5 设 $A=\{x|x$ 是奇数$\}$, $B=\{x|x$ 是偶数$\}$, $Z=\{x|x$ 是整数$\}$, 求 $A\cap Z$、$B\cap Z$、$A\cap B$.

解 $A \cap \mathbf{Z} = \{x | x\text{是奇数}\} \cap \{x | x\text{是整数}\} = \{x | x\text{是奇数}\} = A$；

$B \cap \mathbf{Z} = \{x | x\text{是偶数}\} \cap \{x | x\text{是整数}\} = \{x | x\text{是偶数}\} = B$；

$A \cap B = \{x | x\text{是奇数}\} \cap \{x | x\text{是偶数}\} = \varnothing$.

例 6 设 $A = \{(x,y) | x+y=0\}$，$B = \{(x,y) | x-y=4\}$，求 $A \cap B$.

分析 集合 A 表示方程 $x+y=0$ 的解集；集合 B 表示方程 $x-y=4$ 的解集，两个解集的交集就是二元一次方程组 $\begin{cases} x+y=0, \\ x-y=4 \end{cases}$ 的解集.

解 解方程组 $\begin{cases} x+y=0, \\ x-y=4 \end{cases}$ 得 $\begin{cases} x=2, \\ y=-2. \end{cases}$ 所以，$A \cap B = \{(2,-2)\}$.

思考

下列关系式成立吗？
(1) $A \cap A = A$；(2) $A \cap \varnothing = \varnothing$.

练习 1.4.2

1. 设 $A = \{3,5,6,8\}$，$B = \{4,5,7,8\}$，求 $A \cap B$.
2. 设 $A = \{(x,y) | x-2y=1\}$，$B = \{(x,y) | x+2y=3\}$，求 $A \cap B$.
3. 设 $A = \{x | -2 < x \leqslant 2\}$，$B = \{x | 0 \leqslant x \leqslant 4\}$，求 $A \cap B$.

1.4.3 补集

新知识

在研究问题时，我们经常需要确定研究对象的范围.

例如，从小学到初中，数的研究范围逐步地由自然数到正分数，再到有理数，引进无理数后，数的研究范围扩充到实数. 在高中阶段，数的研究范围将进一步扩充.

在不同范围研究同一个问题，可能有不同的结果. 例如方程 $(x-2)(x^2-3)=0$ 的解集，在有理数范围内只有一个解 2，即

$$\{x \in \mathbf{Q} | (x-2)(x^2-3)=0\} = \{2\};$$

在实数范围内有三个解 $2, \sqrt{3}, -\sqrt{3}$，即

$$\{x \in \mathbf{R} | (x-2)(x^2-3)=0\} = \{2, \sqrt{3}, -\sqrt{3}\}.$$

一般地，如果一个集合含有我们所研究问题中涉及的所有元素，那么称这个集合为**全集**❶，通常记作 U.

对于一个集合 A，由全集 U 中不属于集合 A 的所有元素组成的集合称为集合 A 相对于全集 U 的**补集**，简称为集合 A 的补集，记作 $\complement_U A$，即

$$\complement_U A = \{x | x \in U, \text{且 } x \notin A\}.$$

可用维恩 Venn 图 1-7 表示.

❶ 通常也把给定的集合作为全集.

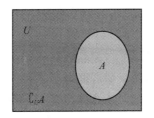

图 1-7

> **思考**
> $U=\{1,2,3,4,5,6\}, A=\{1,3,5\}$.
> $\complement_U A = ?$

知识巩固

例 7 设 $U=\{x \mid x$ 是小于 9 的正整数$\}, A=\{1,2,3\}, B=\{3,4,5,6\}$,求 $\complement_U A, \complement_U B$.

解 根据题意可知,$U=\{1,2,3,4,5,6,7,8\}$,所以
$$\complement_U A = \{4,5,6,7,8\},$$
$$\complement_U B = \{1,2,7,8\}.$$

例 8 设全集 $U=\{x \mid x$ 是三角形$\}, A=\{x \mid x$ 是锐角三角形$\}, B=\{x \mid x$ 是钝角三角形$\}$,求 $A \cap B, \complement_U(A \cup B)$.

解 根据三角形的分类可知
$$A \cap B = \varnothing,$$
$$A \cup B = \{x \mid x \text{ 是锐角三角形或钝角三角形}\},$$
$$\complement_U(A \cup B) = \{x \mid x \text{ 是直角三角形}\}.$$

例 9 已知 $U=\{x \mid x$ 是实数$\}, Q=\{x \mid x$ 是有理数$\}$,求 $\complement_U Q$.

解 $\complement_U Q = \{x \mid x \text{ 是无理数}\}$.

例 10 已知 $U=\mathbf{R}, A=\{x \mid x>5\}$,求 $\complement_U A$.

解 $\complement_U A = \{x \mid x \leqslant 5\}$.

练习 1.4.3

1. 设 $U=\{3,4,5,6,7,8,9,10\}, A=\{4,5,7,8\}$,求 $\complement_U A$.
2. 已知全集 $U=\{1,2,3,4,5,6,7\}, A=\{2,4,5\}, B=\{1,3,5,7\}$,求 $\complement_U A, \complement_U B$.
3. 已知全集 $U=\mathbf{R}, A=\{x \mid x<5\}$,求 $\complement_U A$.

1.5 充要条件

知识回顾

在初中,我们学习了命题的概念,知道判断一件事情的语句叫作命题.经常使用小写的

英语字母 $p,q,r,s,\cdots$ 来表示命题. 成立(正确)的命题为真命题,不成立(错误)的命题为假命题.

例如,p:15 是 5 的倍数,q:8>5,s:0.25 是整数都是命题. 其中 p 与 q 为真命题,s 为假命题.

利用"如果……,那么……"将两个命题联结起来可以组成一个新的命题. 例如,"如果两条直线都与第三条直线平行,那么这两条直线也互相平行."

这类命题的一般形式为"如果 p,那么 q.""如果"后接的部分 p 是题设(条件),"那么"后接的部分 q 是结论.

1.5.1 充要条件

新知识

在数学中,我们经常遇到"如果 p,则 q"形式的命题,这种命题的真假要通过推理来判断,如果 p 真,通过推理,证明 q 也为真,那么"如果 p,则 q"就是真命题. 这时,我们就说,由 p 可**推出** q. 用符号记作

$$p \Rightarrow q,$$

读作"p 推出 q".

p 推出 q,通常还表述为

p 是 q 的**充分条件**;

或

q 是 p 的**必要条件**.

这就是说,

如果 p,则 q;(真)

$p \Rightarrow q$;

p 是 q 的充分条件;

q 是 p 的必要条件.

这四句话表达的是同一逻辑关系.

下面我们举例说明.

(1) "如果 $x=y$,则 $x^2=y^2$"(真),这个命题还可表述为

$$x=y \Rightarrow x^2=y^2;$$

或 $\qquad x=y$ 是 $x^2=y^2$ 的充分条件;

或 $\qquad x^2=y^2$ 是 $x=y$ 的必要条件.

以上四句话表达的是同一意义.

(2) "在 $\triangle ABC$ 中,如果 $AB=AC$,那么 $\angle B=\angle C$"(真),它还可表述为

在 $\triangle ABC$ 中,$AB=AC \Rightarrow \angle B=\angle C$;

或 $\qquad$ 在 $\triangle ABC$ 中,$AB=AC$ 是 $\angle B=\angle C$ 的充分条件;

或 $\qquad$ 在 $\triangle ABC$ 中,$\angle B=\angle C$ 是 $AB=AC$ 的必要条件.

以上四句话表达的是同一意义.

我们知道,"在 $\triangle ABC$ 中,如果 $\angle B=\angle C$,则 $AB=AC$"也是真命题. 这就是说,$\angle B=\angle C$ 不仅是 $AB=AC$ 的必要条件,而且是 $AB=AC$ 的充分条件.

如果 p 是 q 的充分条件($p \Rightarrow q$),p 又是 q 的必要条件($q \Rightarrow p$),则称 p 是 q 的**充分且必要**

条件,简称**充要条件**,记作
$$p \Leftrightarrow q.$$

显然,如果 p 是 q 的充要条件,那么 q 也是 p 的充要条件. p 是 q 的充要条件,又常说成 q 当且仅当 p,或 p 与 q **等价**.

知识巩固

例 1 已知 p 是 q 的充分条件,s 是 r 的必要条件,p 是 s 的充要条件,求 q 与 r 的关系.

解 根据已知可得
$$p \Rightarrow q, r \Rightarrow s, p \Leftrightarrow s.$$
所以 $r \Rightarrow s, s \Leftrightarrow p, p \Rightarrow q$.
即 $r \Rightarrow s \Rightarrow p \Rightarrow q$.
所以 $r \Rightarrow q$.
即 r 是 q 的充分条件,q 是 r 的必要条件.

练习 1.5.1

A 组

1. 分别用充分条件、必要条件或充要条件叙述下列真命题:
   (1) 如果 $x-1=0$,则 $x^2-1=0$;
   (2) 设 x、$y \in \mathbf{R}$,如果 $x^2+y^2=0$,则 $x=0$,且 $y=0$.

2. 用充分条件、必要条件或充要条件填空:
   (1) x 为自然数是 x 为整数的_____;
   (2) x 为有理数是 x 为实数的_____;
   (3) x 为实数是 x 为有理数的_____;
   (4) $x>3$ 是 $x>5$ 的_____;
   (5) 在 $\triangle ABC$ 中,$\angle A = \angle B = \angle C$ 是 $AB = BC = AC$ 的_____;
   (6) 两直线平行是同位角相等的_____.

B 组

1. 用充分条件、必要条件或充要条件填空:
   (1) $A = \varnothing$ 是 $A \cup B = B$ 的_____;
   (2) $A \subsetneqq B$ 是 $A \cap B = A$ 的_____;
   (3) $x \in A$ 是 $x \in A \cap B$ 的_____;
   (4) $x \in A$ 且 $A \subsetneqq B$ 是 $x \in A$ 且 $x \in B$ 的_____.

2. 判断下列命题是不是真命题:
   (1) $a = b$ 是 $|a| = |b|$ 的必要条件;
   (2) $a = b$ 是 $|a| = |b|$ 的充分条件;
   (3) $x - 2 = 0$ 是 $x^2 - 4 = 0$ 的必要条件;
   (4) $x - 2 = 0$ 是 $x^2 - 4 = 0$ 的充要条件.

☆1.5.2 子集与推出的关系❶

新知识

已知
$$\mathbf{Q}=\{x\,|\,x\text{ 是有理数}\},\ \mathbf{R}=\{x\,|\,x\text{ 是实数}\},$$
容易判断 **Q** 是 **R** 的子集,如图 1-8 所示.

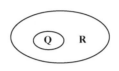

图 1-8

如果再考虑它们特征性质之间的关系,也容易判断命题
"如果 x 是有理数,则 x 是实数"
正确. 即
$$x\text{ 是有理数} \Rightarrow x\text{ 是实数}.$$
反过来,如果上述命题正确,则有理数集 **Q** 也一定是实数集 **R** 的子集.

由此可见,我们可通过判断两个集合之间的关系来判断它们的特征性质之间的关系.

再举一个例子:贵州省公民构成的集合一定是中国公民构成集合的子集.

由此,我们一定可以判断命题"如果我是贵州省的公民,则我是中国公民"正确.

一般地,设 $A=\{x\,|\,p(x)\},B=\{x\,|\,q(x)\}$,如果 $A\subseteq B$(见图 1-9),则
$$x\in A \Rightarrow x\in B,$$
于是 x 具有性质 $p(x) \Rightarrow x$ 具有性质 $q(x)$,即
$$p(x)\Rightarrow q(x);$$
反之,如果 A 中的所有元素 x 都具有性质 $q(x)$,则 A 一定是 B 的子集.

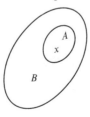

图 1-9

知识巩固

例 2 判定下列集合 A 与 B 的关系:

(1) $A=\{x\,|\,x\text{ 是 12 的约数}\},B=\{x\,|\,x\text{ 是 36 的约数}\}$;

---

❶ 本节为选学内容.

(2) $A=\{x|x>3\}$, $B=\{x|x>5\}$;

(3) $A=\{x|x$ 是矩形$\}$, $B=\{x|x$ 是有一个角为直角的平行四边形$\}$.

解 (1) 因为 x 是 12 的约数 $\Rightarrow x$ 是 36 的约数,

所以 $A \subseteq B$;

(2) 因为 $x>5 \Rightarrow x>3$,

所以 $B \subseteq A$;

(3) 因为 x 是矩形 $\Leftrightarrow x$ 是有一个角为直角的平行四边形,

所以 $A=B$.

练习 1.5.2

A 组

1. 说明下列各题中集合 A 与 B 之间的关系:

(1) $A=\{x|x$ 是矩形$\}$,
   $B=\{x|x$ 是平行四边形$\}$;

(2) $A=\{x|x$ 是 2 的倍数$\}$,
   $B=\{x|x$ 是 4 的倍数$\}$.

2. 已知 $A=\{x|x$ 是直角三角形$\}$, $B=\{x|p(x)\}$, 试确定一个 $p(x)$, 使 $A \subseteq B$.

B 组

1. 说明下列各题中集合 A 与 B 之间的关系:

(1) $A=\{x|x$ 是等边三角形$\}$,
   $B=\{x|x$ 是等腰三角形$\}$;

(2) $A=\{x|x$ 是两组对角分别相等的四边形$\}$, $B=\{x|x$ 是两组对边分别相等的四边形$\}$.

2. 已知 $M=\{x|p(x)\}$, $N=\{x|x$ 是平行四边形$\}$, 试确定一个 $p(x)$, 使 $M \subsetneqq N$.

习 题

1. 分别用充分条件、必要条件或充要条件叙述下列真命题:

(1) 如果四边形的一组对边平行且相等,则这个四边形是平行四边形;

(2) 如果四边形 $ABCD$ 是正方形,则这个四边形的四边相等;

(3) 如果两个三角形相似,则它们的对应角相等;

(4) 如果 $\angle A=30°$,则 $\sin A=\frac{1}{2}$.

2. 用充分条件、必要条件或充要条件填空:

(1) $x=3$ 是 $x^2-2x-3=0$ 的_____;

(2) $x>5$ 是 $x>3$ 的_____;

(3) $x^2-4=0$ 是 $x+2=0$ 的_____;

(4) 两个三角形的三边对应相等是两个三角形全等的_____;

(5) $a=0$ 是 $ab=0$ 的_____;

(6) $ab=0$ 是 $a=0$ 的_____.

3. 下列命题是不是真命题?

(1) $a>b$ 是 $a^2>b^2$ 的充分条件;

(2) $a>b$ 是 $|a|>|b|$ 的必要条件;

(3) 今天是星期一是明天是星期二的充要条件;

(4) 两个三角形的两组对应角分别相等是两个三角形相似的充要条件.

4. 说明下列各题中集合 A 与 B 之间的关系:

(1) $A=\{x|x$ 是整数$\}$,

$B=\{x|x$ 是自然数$\}$;

(2) $A=\{x|x$ 是等腰直角三角形$\}$,

$B=\{x|x$ 是直角三角形$\}$;

(3) $A=\{x|x$ 是正偶数$\}$,

$B=\{x|x=2n, n\in \mathbf{N}_+\}$;

(4) $A=\{x|x$ 是等腰三角形$\}$,

$B=\{x|x$ 是有两内角相等的三角形$\}$.

5. 在下列各题中,$p(x)$ 是 $q(x)$ 的什么条件?

(1) $p(x):x^2-3x+2=0$, $\qquad q(x):x=1$;

(2) $p(x):a^2>4b$, $\qquad q(x):x^2+ax+b=0$ 有实根;

(3) $p(x):a-b=0$, $\qquad q(x):a^2-b^2=0$;

(4) $p(x):a^3+b^3=0$, $\qquad q(x):a+b=0$.

复习与提问

学完本章后,通过复习与回顾,你应当能够回答下列问题:

1. 举例说明什么是集合,什么是有限集,什么是无限集.

2. 表示一个集合有哪几种方法?

3. 什么是集合的特征性质? 试举例说明.

4. 什么是一个集合的子集、真子集? 什么是空集? 能不能说空集是所有集合的子集?

5. 集合的包含关系与集合的特征性质存在怎样的关系?

6. 怎样的两个集合叫作相等集合?

7. 怎样进行集合的交、并、补运算? 怎样用图表示集合之间的关系和运算?

8. $p \Rightarrow q$ 有哪几种等价的说法?

9. 命题 $p \Leftrightarrow q$ 有哪几种等价的说法?

10*. 举例说明"子集"与"推出"之间的关系.

复习题一

A 组

1. 选择题:

   (1) 设 $M=\{a\}$,则下列选项中正确的是( ).

   A. $a=M$　　　　B. $a\in M$　　　　C. $a\subseteq M$　　　　D. $a\subsetneqq M$

   (2) 如果 $A=\{x\mid x\leqslant 1\}$,则( ).

   A. $0\subseteq A$　　　　B. $\{0\}\in A$　　　　C. $\varnothing\in A$　　　　D. $\{0\}\subseteq A$

   (3) 集合 $A=\{2,3,4,5,6\}$,集合 $B=\{2,4,5,8,9\}$,则 $A\cap B=$( ).

   A. $\{2,3,4,5,6,8,9\}$　　　　B. $\{2,4,5\}$

   C. $\varnothing$　　　　D. $\{2,3,4,5,6\}$

   (4) 集合 $A=\{x\mid -1<x\leqslant 3\}$,集合 $B=\{x\mid 1<x<5\}$,则 $A\cup B=$( ).

   A. $\{x\mid -1<x<5\}$　　　　B. $\{x\mid 3<x<5\}$

   C. $\{x\mid -1<x<1\}$　　　　D. $\{x\mid 1<x\leqslant 3\}$

   (5) 设全集 $U=\mathbf{R}$,集合 $A=\{x\mid -1<x\leqslant 5\}$,则 $\complement A=$( ).

   A. $\{x\mid x\leqslant -1\}$　　　　B. $\{x\mid x>5\}$

   C. $\{x\mid x<-1 \text{ 或 } x>5\}$　　　　D. $\{x\mid x\leqslant -1 \text{ 或 } x>5\}$

   (6) 设全集 $U=\{0,1,2,3,4,5,6\}$,集合 $A=\{2,3,4,5,6\}$,则 $\complement_U A=$( ).

   A. $\{0,2,3,4,5,6\}$　　　　B. $\{2,3,4,5,6\}$

   C. $\{0,1\}$　　　　D. $\varnothing$

   (7) 下列各选项中正确的是( ).

   A. $ab>bc \Rightarrow a>c$　　　　B. $a>b \Rightarrow ac^2>bc^2$

   C. $a>b \Leftarrow ac^2>bc^2$　　　　D. $a>b,c>d \Leftrightarrow ac>bd$

2. 填空题:

   (1) 设集合 $A=\{x\mid -2<x<3\}, B=\{x\mid x>1\}$,则集合 $A\cap B=$＿＿＿＿＿＿.

   (2) 设全集 $U=\mathbf{R}, A=\{x\mid x\leqslant 1\}$,则集合 $\complement A=$＿＿＿＿＿＿.

   (3) $A\cap B=A$ 是 $A\subseteq B$ 的＿＿＿＿＿＿条件.

   (4) 方程 $3x^2-x-2=0$ 的解集为＿＿＿＿＿＿.

   (5) 方程组 $\begin{cases} 2x-3y+1=0, \\ 3x-2y-1=0 \end{cases}$ 的解集为＿＿＿＿＿＿.

3. 已知集合 $A=\{2,3,4\}, B=\{1,2,3,4,5\}$,写出集合 $A\cap B$ 的所有子集,并指出其中的真子集.

4. 设集合 $A=\{x\mid x<-2\}, B=\left\{x\mid x<\dfrac{1}{2}\right\}$,求 $A\cup B, A\cap B$.

5. 已知全集 $U=\mathbf{R}$,集合 $A=\{x\mid 1<x\leqslant 3\}$,集合 $B=\{x\mid x>2\}$,求 $\complement A, \complement B$.

6. 已知全集 $U=\{0,1,2,3,4,5,6,7,8\}$,集合 $A=\{0,1,2,3\}$,集合 $B=\{2,3,4,5,$

6}，求：

(1) $A\cup B$, $A\cap B$;   (2) $\complement_U A$, $\complement_U B$.

7. 已知全集 $U=\{1,2,3,4,5,6,7,8\}$, $A=\{3,4,5\}$, $B=\{4,7,8\}$，求 $\complement_U A$, $\complement_U B$, $\complement_U A \cap \complement_U B$, $\complement_U A \cup \complement_U B$.

☆8. 设全集 $U=\mathbf{R}$，集合 $A=\{x|x\leqslant 1\}$，集合 $B=\{x|0<x<2\}$，求：
(1) $\complement A$, $\complement B$; (2) $(\complement A)\cup(\complement B)$, $(\complement A)\cap(\complement B)$; (3) $\complement(A\cup B)$, $\complement(A\cap B)$.

B 组

1. 已知全集 $U=\{1,2,3,4,5\}$, $A=\{2,4\}$, $\complement_U B=\{2,3\}$，求 $A\cap B$.
2. 如图所示，已知全集为 U, A、B 都是 U 的子集，试用 A、B 表示图中着色部分的集合.

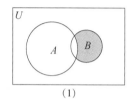 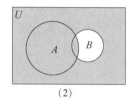

(第 2 题图)

3. 设集合 $M=\{x|x^2-3x+2=0\}$，集合 $N=\{x|ax-2=0\}$，且 $M\cup N=M$，求 a 的值.
4. 设集合 $A=\{a^2,a+2,-1\}$, $B=\{10,3a-1,a^2+3\}$，且 $A\cap B=\{-1\}$，求实数 a 的值.

康托尔与集合论

康托尔（G. Cantor, 1845—1918 年）是 19 世纪末 20 世纪初德国伟大的数学家. 康托尔于 1845 年 3 月 3 日出生在俄国的圣彼得堡，他的父亲是迁居俄国的丹麦商人. 在康托尔 11 岁的时候，他和父母一起迁到德国的法兰克福，在那里读中学，像历史上的许多优秀数学家一样，他在中学阶段就表现出对数学的特殊天分，并经常得到令人惊异的结论. 1862 年，17 岁的康托尔进入瑞士苏黎世大学学习，第二年转入柏林大学，他在 1867 年获博士学位，1869 年取得在哈勒大学任教的资格，1872 年升为副教授，并在 1879 年升为正教授. 大学期间，康托尔主修数论，但后来受到著名数学家魏尔斯特拉斯（K. Weierstrass, 1815—1897 年）的影响，对数学推导的严格性和数学分析产生了浓厚的兴趣.

当时的数学家在研究一些数学基本概念的时候，例如实数等概念的研究都要涉及由无限多个元素组成的集合，康托尔的研究也遇到了无限集的问题. 因此，他开始关注这样的问题：像正整数集那样的无限集和像实数集那样的无限集存在着怎样的关系？从直觉上来讲，数轴上对应的正整数点和整个数轴上的点会有很大的不同.但康托尔认为这个问题或许不那么简单,他先研究了正整数集和有理数集的关系.正有理数和正整数不同,在任何两个不同的正有理数之间都存在着另一个正有理数,事实上,任何两个正有理数之间还有无限多个有理数.依靠直觉,似乎可以断定正有理数要比正整数多得多.但事实并非如此,让我们来看下面的证明:

把正有理数按以下的方式排列:

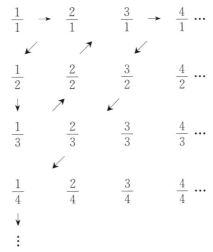

其中,第一行依大小顺序包括所有的以 1 为分母的正分数,即全体正整数,第二行依次包括所有以 2 为分母的正分数;第三行依次包括所有以 3 为分母的正分数,等等.显然,每个正有理数都出现在这个排列中.如果我们按箭头所示次序重新排序,略去已经出现过的数,就得到全体正有理数的一个无穷序列 $\{r_1, r_2, r_3, \cdots\}$.这样每一个正整数 n 就对应着一个正有理数 r_n.我们知道正整数集是正有理数集的一个真子集,这就得出了一个惊人的结果:一个集合可以和它的真子集建立一一对应关系.康托尔不但证明了上述事实,他还发现:正整数集和实数集之间不可能建立这样的对应关系.

康托尔最初的证明发表在 1874 年的一篇题为"关于一切实代数的一个性质"的文章中,它标志着集合论的诞生.

在这以后,康托尔还考虑了能否建立平面上的点和直线上的点之间的一一对应关系.从直观上说,平面上的点显然要比直线上的点多得多.康托尔最初也这么认为,但是经过三年研究后,在 1877 年,康托尔证明了:不仅平面和直线之间可以建立一一对应,而且 n 维空间的点也是可以和直线上的点建立一一对应的!这个结论与人们直观的感觉是如此的不同,以至于康托尔惊呼:"我见到了,但我不相信."然而这又是经过了严格证明的事实.它说明科学研究不能光靠直观的感觉,只有靠理性思维和严格的逻辑推理才能发现真理,避免谬误.

第二部分

基本初等函数

- ◆ 2.1 函数的概念及表示方法
- ◆ 2.2 函数的基本性质
- ◆ 2.3 指数函数
- ◆ 2.4 对数函数
- ◆ 2.5 幂函数
- ◆ 2.6 函数的实际应用

我们已经知道,函数是描述客观世界变化规律的重要数学模型.面对纷繁复杂的变化现象,我们还可以根据变化现象的不同特征进行分类研究.例如,在自然条件下,细胞的分裂、人口的增长、生物体内碳 14 的衰减等变化规律,可以用指数函数模型来研究;地震震级的变化规律、溶液 pH 的变化规律等,可以用对数函数模型来研究;正方体的体积与边长间的关系、理想状态下气体的压强与体积的关系等,可以用幂函数模型来研究.

指数函数、对数函数和幂函数是三类重要且常用的基本初等函数,是进一步学习数学的基础.在本章,我们将学习指数函数、对数函数和幂函数的概念与基本性质,并运用它们解决一些简单的实际问题.

第二部分 基本初等函数

2.1 函数的概念及表示方法

2.1.1 函数的概念

知识回顾

初中阶段,我们学习了函数的概念,知道在一个变化过程中,有两个变量 x 和 y,如果对于 x 的每一个确定的值,y 都有唯一确定的值与其对应,那么我们就说 x 是自变量,y 是 x 的函数.

例如,商店销售某种饮料,售价每瓶 2.5 元,应付款是购买饮料瓶数的函数.

新知识

学习了集合的概念之后,对函数作出如下的定义:

在某一个变化过程中有两个变量 x 和 y,设变量 x 的取值范围为数集 D,如果对于 D 内的每一个 x 值,按照某个对应法则 f,y 都有唯一确定的值与它对应,那么把 x 叫作**自变量**,y 叫作 x 的**函数**,记作 $y=f(x)$,数集 D 叫作函数的**定义域**.

当 $x=x_0$ 时,函数 $y=f(x)$ 对应的值 y_0 叫作函数在点 x_0 处的**函数值**,记作 $y_0=f(x_0)$,例如,函数 $y=3x-1$ 中,$f(x)=3x-1$,故在 $x=-2$ 处的函数值为
$$f(-2)=3\times(-2)-1=-7.$$

函数值的集合 $\{y|y=f(x), x\in D\}$ 叫作**函数的值域**.

与初中学习的函数定义相比,这个定义更加完善,它强调了函数的定义域与对应法则.

定义域与对应法则是函数定义中的两个要素,它们一旦确定,函数的值域也就随之确定了.定义域与对应法则都相同的函数是同一个函数,与表示函数所选用的字母无关.如函数 $y=\sqrt{x}$ 与 $s=\sqrt{t}$,虽然选用的字母不同,但表示的是同一个函数.

除使用记号 $f(x)$ 表示函数外,还经常用 $g(x)$、$h(x)$、$p(x)$、$F(x)$、$G(x)$、$\varphi(x)$ 等表示函数.

知识巩固

例 1 求下列函数的定义域:

(1) $f(x)=\dfrac{1}{x+1}$;   (2) $f(x)=\sqrt{1-2x}$.

分析 如果函数的对应法则是用代数式表示的,那么函数的定义域就是使这个代数式有意义的自变量取值的集合.

解 (1) 为使分式 $\dfrac{1}{x+1}$ 有意义,必须使 $x+1\neq 0$,即 $x\neq -1$,所以函数的定义域为
$$\{x|x\neq -1\}, \text{即} (-\infty,-1)\cup(-1,+\infty).$$

(2) 为使根式 $\sqrt{1-2x}$ 有意义,必须使 $1-2x \geqslant 0$,即 $x \leqslant \dfrac{1}{2}$,所以函数的定义域为
$$\left(-\infty, \dfrac{1}{2}\right].$$

例 2 设 $f(x)=\dfrac{2x-1}{3}$,求 $f(0)$、$f(2)$、$f(-5)$、$f(b)$.

分析 只需将 x 的各个取值,如 $x=0, x=2$ 等,代入函数表达式进行计算.

解
$$f(0)=\dfrac{2\times 0-1}{3}=-\dfrac{1}{3};$$
$$f(2)=\dfrac{2\times 2-1}{3}=1;$$
$$f(-5)=\dfrac{2\times(-5)-1}{3}=-\dfrac{11}{3};$$
$$f(b)=\dfrac{2\times b-1}{3}=\dfrac{2b-1}{3}.$$

例 3 已知函数 $f(x)=\sqrt{x+3}+\dfrac{1}{x+2}$,

(1) 求函数的定义域;

(2) 求 $f(-3)$、$f\left(\dfrac{2}{3}\right)$ 的值;

(3) 当 $a>0$ 时,求 $f(a)$、$f(a-1)$ 的值.

分析 函数的定义域通常由问题的实际背景确定,如前所述的三个实例.如果只给出解析式 $y=f(x)$,而没有指明它的定义域,那么函数的定义域就是指能使这个式子有意义的实数的集合.

解 (1) 使根式 $\sqrt{x+3}$ 有意义的实数 x 的集合是 $\{x \mid x \geqslant -3\}$,使分式 $\dfrac{1}{x+2}$ 有意义的实数 x 的集合是 $\{x \mid x \neq -2\}$.所以,这个函数的定义域就是
$$\{x \mid x \geqslant -3\} \cap \{x \mid x \neq -2\}$$
$$=\{x \mid x \geqslant -3, \text{且 } x \neq -2\}.$$

(2) $f(-3)=\sqrt{-3+3}+\dfrac{1}{-3+2}=-1$;
$$f\left(\dfrac{2}{3}\right)=\sqrt{\dfrac{2}{3}+3}+\dfrac{1}{\dfrac{2}{3}+2}=\sqrt{\dfrac{11}{3}}+\dfrac{3}{8}=\dfrac{3}{8}+\dfrac{\sqrt{33}}{3}.$$

(3) 因为 $a>0$,所以 $f(a)$、$f(a-1)$ 有意义.
$$f(a)=\sqrt{a+3}+\dfrac{1}{a+2};$$
$$f(a-1)=\sqrt{a-1+3}+\dfrac{1}{(a-1)+2}=\sqrt{a+2}+\dfrac{1}{a+1}.$$

> 在函数定义中,我们用符号 $y=f(x)$ 表示函数.其中 $f(x)$ 表示 x 对应的函数值,而不是 f 乘 x.

> 你也可以利用计算器或计算机画出例 2 中四个函数的图像,根据图像进行判断.

由函数的定义可知,一个函数的构成要素为:定义域、对应关系和值域.由于值域是由定义域和对应关系决定的,因此如果两个函数的定义域相同,并且对应关系完全一致,则称这两个函数

相等.

例 4 下列函数中哪个与函数 $y=x$ 相等?

(1) $y=(\sqrt{x})^2$; (2) $y=\sqrt[3]{x^3}$;

(3) $y=\sqrt{x^2}$; (4) $y=\dfrac{x^2}{x}$.

解 (1) $y=(\sqrt{x})^2=x(x\geqslant 0)$,这个函数与函数 $y=x(x\in\mathbf{R})$ 虽然对应关系相同,但是定义域不相同,所以,这个函数与函数 $y=x(x\in\mathbf{R})$ 不相等.

(2) $y=\sqrt[3]{x^3}=x(x\in\mathbf{R})$,这个函数与函数 $y=x(x\in\mathbf{R})$ 不仅对应关系相同,而且定义域也相同,所以,这个函数与函数 $y=x(x\in\mathbf{R})$ 相等.

(3) $y=\sqrt{x^2}=|x|=\begin{cases}x, x\geqslant 0,\\ -x, x<0.\end{cases}$ 这个函数与函数 $y=x(x\in\mathbf{R})$ 的定义域都是实数集 $\mathbf{R}$,但是当 $x<0$ 时,它的对应关系与函数 $y=x(x\in\mathbf{R})$ 不相同,所以,这个函数与函数 $y=x(x\in\mathbf{R})$ 不相等.

(4) $y=\dfrac{x^2}{x}$ 的定义域是 $\{x|x\neq 0\}$,与函数 $y=x(x\in\mathbf{R})$ 的对应关系相同但定义域不相同,所以,这个函数与函数 $y=x(x\in\mathbf{R})$ 不相等.

思考

至此,我们在初中学习的基础上,运用集合和对应的语言刻画了函数概念,并引进了符号 $y=f(x)$,明确了函数的构成要素,比较两个函数定义,你对函数有什么新的认识?

练习 2.1.1

1. 求下列函数的定义域:
   (1) $f(x)=\dfrac{1}{4x+7}$; (2) $f(x)=\sqrt{1-x}+\sqrt{x+3}-1$;
   (3) $f(x)=\sqrt{x^2-6x+5}$.

2. 已知 $f(x)=3x-2$,求 $f(0)$、$f(1)$、$f(a)$.

3. 已知函数 $f(x)=3x^2+2x$,
   (1) 求 $f(2)$、$f(-2)$、$f(2)+f(-2)$ 的值;
   (2) 求 $f(a)$、$f(-a)$、$f(a)+f(-a)$ 的值.

4. 判断下列各组中的函数是否相等,并说明理由:
   (1) 表示炮弹飞行高度 h 与时间 t 关系的函数 $h=130t-5t^2$ 和二次函数 $y=130x-5x^2$;
   (2) $f(x)=1$ 和 $g(x)=x^0$.

2.1.2 函数的表示法

我们在初中已经接触过函数的三种表示法:解析法、图像法和列表法.

解析法,就是用数学表达式表示两个变量之间的对应关系.

图像法,就是用图像表示两个变量之间的对应关系.

列表法,就是列出表格来表示两个变量之间的对应关系.

例 5 某种笔记本的单价是 5 元,买 $x(x\in\{1,2,3,4,5\})$ 个笔记本需要 y 元.试用函数的三种表示法表示函数 $y=f(x)$.

解 这个函数的定义域是数集$\{1,2,3,4,5\}$.

用解析法可将函数 $y=f(x)$ 表示为
$$y=5x, x\in\{1,2,3,4,5\}.$$

用列表法可将函数 $y=f(x)$ 表示为

笔记本数 x	1	2	3	4	5
钱数 y	5	10	15	20	25

用图像法可将函数 $y=f(x)$ 表示为(见图 2-1).

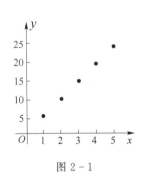

图 2-1

> 函数图像既可以是连续的曲线,也可以是直线、折线、离散的点等.那么判断一个图形是不是函数图像的依据是什么?

由例 5 的解题过程可以归纳出"已知函数的解析式,作函数图像"的具体步骤:

(1) 确定函数的定义域;

(2) 选取自变量 x 的若干值(例 4 中全部选取,一般选取某些代表性的值),计算出它们对应的函数值 y,列出表格;

(3) 以表格中的 x 值为横坐标,对应的 y 值为纵坐标,在直角坐标系中依次描出相应的点 (x,y);

(4) 根据题意确定是否将描出的点联结成光滑的曲线.

思考

(1) 比较三种表示法,它们各自的特点是什么?所有的函数都能用解析法表示吗?

(2) 举出几个函数,分别用三种方法表示.

对于一个具体的问题,我们应当学会选择恰当的方法表示问题中的函数关系.

例 6 表 2-1 所示为某校高一(1)班 3 名同学在高一学年度 6 次数学测试的成绩及班级平均分表.

表 2-1

成绩＼测试序号＼姓名	第1次	第2次	第3次	第4次	第5次	第6次
王 伟	98	87	91	92	88	95
张 城	90	76	88	75	86	80
赵 明	68	65	73	72	75	82
班级平均分	88.2	78.3	85.4	80.3	75.7	82.6

请你对这3名同学在高一学年度的数学学习情况做一个分析.

解 从表2-1中可以知道每位同学在每次测试中的成绩,但不太容易分析每位同学的成绩变化情况.如果将"成绩"与"测试序号"之间的关系用函数图像表示出来,如图2-2所示,那么能比较直观地看到成绩变化的情况.这对我们的分析很有帮助.

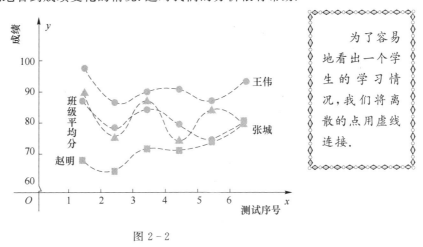

为了容易地看出一个学生的学习情况,我们将离散的点用虚线连接.

图 2-2

从图2-2我们看到,王伟同学的数学成绩始终高于班级平均水平,学习情况比较稳定而且成绩优秀.张城同学的数学成绩不稳定,总是在班级平均水平上下波动,而且波动幅度较大.赵明同学的数学成绩低于班级平均水平,但他的成绩呈上升趋势,表明他的数学成绩在稳步提高.

例7 画出函数 $y=|x|$ 的图像.

解 由绝对值的概念,我们有
$$y=\begin{cases} x, & x\geqslant 0, \\ -x, & x<0. \end{cases}$$
所以,函数 $y=|x|$ 的图像如图2-3所示.

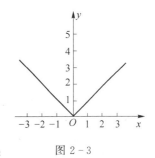

图 2-3

例8 某市"招手即停"公共汽车的票价按下列规则制定:

(1) 5 km以内(含5 km),票价2元;

(2) 5 km以上,每增加5 km,票价增加1元(不足5 km的按5 km计算).

如果某条线路的总里程为 20 km,请根据题意,写出票价与里程之间的函数解析式,并画出函数的图像.

解 设票价为 y 元,里程为 x km,由题意可知,自变量 x 的取值范围是 $(0,20]$.

由"招手即停"公共汽车票价的制定规则,可得到以下函数解析式:

$$y=\begin{cases}2, & 0<x\leqslant 5,\\ 3, & 5<x\leqslant 10,\\ 4, & 10<x\leqslant 15,\\ 5, & 15<x\leqslant 20.\end{cases}$$

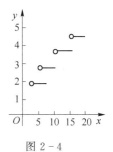

图 2-4

根据这个函数解析式,可画出函数图像,如图 2-4 所示.

我们把例 7、例 8 这样的函数称为**分段函数**.生活中,有很多可以用分段函数描述的实际问题,如出租车的计费、个人所得税纳税额等.

函数是"两个数集间的一种确定的对应关系".当我们将数集扩展到任意的集合时,就可以得到映射的概念.例如,欧洲的国家构成集合 A,欧洲各国的首都构成集合 B.对应关系 f:国家 A 对应于它的首都 B.这样,对于集合 A 中的任意一个国家,按照对应关系 f,在集合 B 中都有唯一确定的首都与之对应,我们将对应 $f:A\rightarrow B$ 称为映射.

一般地,我们有:

设 A、B 是两个非空的集合,如果按某一个确定的对应关系 f,使对于集合 A 中的任意一个元素 x,在集合 B 中都有唯一确定的元素 y 与之对应,则称对应 $f:A\rightarrow B$ 为从集合 A 到集合 B 的一个**映射**(Mapping).

在我们的生活中,有很多映射的例子,例如,设集合 $A=\{x|x$ 是某场电影票上的号码$\}$,集合 $B=\{x|x$ 是某电影院的座位号$\}$,对应关系 f:电影票上的号码对应于电影院的座位号,那么对应 $f:A\rightarrow B$ 是一个映射.

例 9 以下给出的对应是不是从集合 A 到 B 的映射?

(1) 集合 $A=\{P|P$ 是数轴上的点$\}$,集合 $B=\mathbf{R}$,对应关系 f:数轴上的点与它所代表的实数对应;

(2) 集合 $A=\{P|P$ 是平面直角坐标系中的点$\}$,集合 $B=\{(x,y)|x\in\mathbf{R},y\in\mathbf{R}\}$,对应关系 f:平面直角坐标系中的点与它的坐标对应;

(3) 集合 $A=\{x|x$ 是三角形$\}$,集合 $B=\{x|x$ 是圆$\}$,对应关系 f:每一个三角形都对应它的内切圆;

(4) 集合 $A=\{x|x$ 是新华中学的班级$\}$,集合 $B=\{x|x$ 是新华中学的学生$\}$,对应关系 f:每一个班级都对应班里的学生.

解 (1) 按照建立数轴的方法可知,数轴上的任意一个点,都有唯一的实数与之对应,所以这个对应 $f:A\rightarrow B$ 是从集合 A 到 B 的一个映射.

(2) 按照建立平面直角坐标系的方法可知,平面直角坐标系中的任意一个点,都有唯一的一个实数对与之对应,所以这个对应 $f:A\rightarrow B$ 是从集合 A 到 B 的一个映射.

(3) 由于每一个三角形只有一个内切圆与之对应,因此这个对应 $f:A\rightarrow B$ 是从集合 A

到 B 的一个映射.

（4）新华中学的每一个班级里的学生都不止一个，即与一个班级对应的学生不止一个，所以这个对应 $f:A→B$ 不是从集合 A 到 B 的一个映射.

> **思考**
>
> 对于例9，如果将（3）中的对应关系 f 改为：每一个圆都对应它的内接三角形；（4）中的对应关系 f 改为：每一个学生都对应它的班级，那么对应 $f:B→A$ 是从集合 B 到 A 的映射吗？

练习 2.1.2

1. 判定点 $M_1(1,-2)$，$M_2(-2,6)$ 是否在函数 $y=1-3x$ 的图像上.

2. 市场上土豆的价格是 3.2 元/kg，应付款 y（元）是购买土豆质量 x（单位：kg）的函数. 请分别用解析法和图像法表示这个函数.

3. 如图，把截面半径为 25 cm 的圆形木头锯成矩形木料，如果矩形的一边长为 x cm，面积为 y cm²，把 y 表示为 x 的函数.

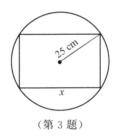

（第3题）

4. 下图中哪几个图像与下述三件事分别吻合得最好？请你为剩下的那个图像写出一件事.

（1）我离开家不久，发现自己把作业本忘在家里了，于是返回家里找到了作业本再上学；

（2）我骑着车一路匀速行驶，只是在途中遇到一次交通堵塞，耽搁了一些时间；

（3）我出发后，心情轻松，缓缓行进，后来为了赶时间开始加速.

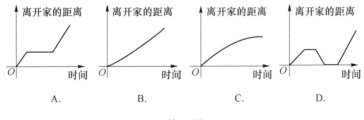

（第4题）

5. 画出函数 $y=|x-2|$ 的图像.

☆6. 设 $A=\{x|x$ 是锐角$\}$，$B=(0,1)$，从 A 到 B 的映射是"求正弦"，与 A 中元素 60° 相对应的 B 中的元素是什么？与 B 中元素 $\dfrac{\sqrt{2}}{2}$ 相对应的 A 中的元素是什么？

习题 2.1

A 组

1. 求下列函数的定义域：

   (1) $f(x)=\dfrac{3x}{x-4}$；

   (2) $f(x)=\sqrt{x^2}$；

   (3) $f(x)=\dfrac{6}{x^2-3x+2}$；

   (4) $f(x)=\dfrac{\sqrt{4-x}}{x-1}$.

2. 下列哪一组中的函数 $f(x)$ 与 $g(x)$ 相等？

   (1) $f(x)=x-1, g(x)=\dfrac{x^2}{x}-1$；

   (2) $f(x)=x^2, g(x)=(\sqrt{x})^4$；

   (3) $f(x)=x^2, g(x)=\sqrt[3]{x^6}$.

3. 画出下列函数的图像，并说出函数的定义域、值域：

   (1) $y=3x$；

   (2) $y=\dfrac{8}{x}$；

   (3) $y=-4x+5$；

   (4) $y=x^2-6x+7$.

4. 已知函数 $f(x)=3x^2-5x+2$，求 $f(-\sqrt{2})$、$f(-a)$、$f(a+3)$、$f(a)+f(3)$ 的值.

5. 已知函数 $f(x)=\dfrac{x+2}{x-6}$.

   (1) 点 $(3,14)$ 在 $f(x)$ 的图像上吗？

   (2) 当 $x=4$ 时，求 $f(x)$ 的值；

   (3) 当 $f(x)=2$ 时，求 x 的值.

6. 若 $f(x)=x^2+bx+c$，且 $f(1)=0, f(3)=0$，求 $f(-1)$ 的值.

7. 画出下列函数的图像：

   (1) $f(x)=\begin{cases}0, x\leqslant 0, \\ 1, x>0;\end{cases}$

   (2) $G(n)=3n+1, n\in\{1,2,3\}$；

   (3) $f(x)=2-x, x\in\{0\leqslant x\leqslant 2\}$；

   (4) $f(x)=-\dfrac{2}{x}$.

B 组

1. 设集合 $A=\{a,b,c\}, B=\{0,1\}$. 试问：从 A 到 B 的映射共有几个？并将它们分别表示出来.

2. 作函数 $f(x)=\begin{cases}1, x\in\{x|-1\leqslant x<0\}, \\ 2, x\in\{x|0\leqslant x\leqslant 1\}\end{cases}$ 的图像.

2.2 函数的基本性质

实例

函数是描述事物运动变化规律的数学模型.了解了函数的变化规律,也就基本把握了相应事物的变化规律.因此研究函数的性质,如函数在什么时候递增或递减,有没有最大值或最小值,函数图像有什么特征等,是非常重要的.

> 在事物变化过程中,保持不变的特征就是这个事物的性质.

观察图 2-5 中的各个函数图像,你能说说它们分别反映了相应函数的哪些变化规律吗?

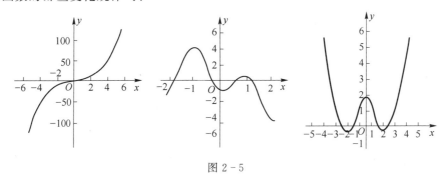

图 2-5

2.2.1 函数的单调性

新知识

首先,我们研究一次函数 $f(x)=x$ 和二次函数 $f(x)=x^2$ 的单调性.

观察图 2-6,可以看到:函数 $f(x)=x$ 的图像由左至右是上升的;函数 $f(x)=x^2$ 的图像在 y 轴左侧是下降的,在 y 轴右侧是上升的.函数图像的"上升""下降"反映了函数的一个基本性质——**单调性**,那么,如何描述函数图像的"上升""下降"呢?

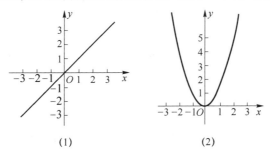

图 2-6

以二次函数 $f(x)=x^2$ 为例,列出 x、y 的对应值(见表 2-2).

表 2－2

x	…	-4	-3	-2	-1	0	1	2	3	4	…
$f(x)=x^2$	…	16	9	4	1	0	1	4	9	16	…

对比图 2－6(2)，可以发现：

图像在 y 轴左侧"下降"，也就是，在区间 $(-\infty,0]$ 上，$f(x)$ 随着 x 的增大而减小；图像在 y 轴右侧"上升"，也就是，在区间 $(0,+\infty)$ 上，$f(x)$ 随着 x 的增大而增大．

思考

如何利用函数解析式 $f(x)=x^2$ 描述"随着 x 的增大，相应的 $f(x)$ 随着减小""随着 x 的增大，相应的 $f(x)$ 也随着增大"？

对于二次函数 $f(x)=x^2$，我们可以这样描述"在区间 $(0,+\infty)$ 内，随着 x 的增大，相应的 $f(x)$ 也随着增大"；在区间 $(0,+\infty)$ 内，任取两个 x_1、x_2，得到 $f(x_1)=x_1^2$，$f(x_2)=x_2^2$，当 $x_1<x_2$ 时，有 $f(x_1)<f(x_2)$．这时，我们就说函数 $f(x)=x^2$ 在区间 $(0,+\infty)$ 内是增函数．

> 你能仿照这样的描述，说明函数 $f(x)=x^2$ 在区间 $(-\infty,0]$ 上是减函数吗？

一般地，设函数 $f(x)$ 的定义域为 I：

如果对于定义域 I 内某个区间 D 上的任意两个自变量的值 x_1、x_2，当 $x_1<x_2$ 时，都有 $f(x_1)<f(x_2)$，就说函数 $f(x)$ 在区间 D 上是**增函数**，如图 2－7(1) 所示．

如果对于定义域 I 内某个区间 D 上的任意两个自变量的值 x_1、x_2，当 $x_1<x_2$ 时，都有 $f(x_1)>f(x_2)$，就说函数 $f(x)$ 在区间 D 上是**减函数**，如图 2－7(2) 所示．

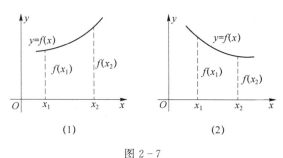

图 2－7

知识巩固

例 1 小明从家里出发，去学校取书，顺路将自行车送还王伟同学．小明骑了 30 min 自行车，到王伟家送还自行车后，又步行 10 min 到学校取书，最后乘公交车经过 20 min 回到家，这段时间内，小明离开家的距离与时间的关系如图 2－8 所示，请指出这个函数的单调性．

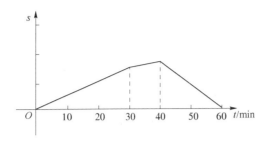

图 2-8

解 由图像可以看出,函数的增区间为[0,40],减区间为[40,60].

例 2 判断函数 $y=4x-2$ 的单调性.

分析 对于用解析式表示的函数,其单调性可以通过定义来判断,也可以作出函数的图像,通过观察图像来判断.无论采用哪种方法,都要首先确定函数的定义域.

解 函数 $y=4x-2$ 为一次函数,定义域为 $(-\infty,+\infty)$,其图像为一条直线.确定图像上的两个点即可作出函数图像.列表(见表 2-3):

表 2-3

x	0	1
y	-2	2

在直角坐标系中,描出点 $(0,-2),(1,2)$,作出经过这两个点的直线(见图 2-9).观察图像知函数 $y=4x-2$ 在 $(-\infty,+\infty)$ 内为增函数.

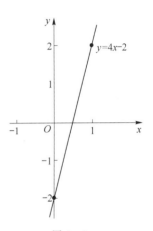

图 2-9

练习 2.2.1

A 组

1. 已知函数图像如第 1 题图所示.

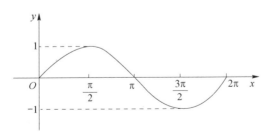

(第 1 题图)

(1) 根据图像说出函数的单调区间以及函数在各单调区间内的单调性;
(2) 写出函数的定义域和值域.

2. 下列函数在指定区间上是增函数还是减函数:
   (1) $f(x)=x^2+1, x\in(0,+\infty)$;

(2) $f(x)=\dfrac{3}{x}, x\in(-\infty,0)$.

3. 如图,已知函数 $y=f(x), y=g(x)$ 的图像,根据图像说出函数的单调区间,以及在每一个区间上,函数是增函数还是减函数.

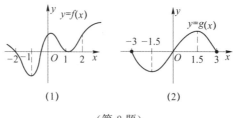

(第2题)

B 组

1. 证明函数 $f(x)=x^2$ 在区间 $[0,+\infty)$ 上是增函数.

2. 证明函数 $f(x)=\dfrac{3}{x}$ 在区间 $(-\infty,0)$ 上是减函数.

2.2.2 函数的最大(小)值

新知识

一般地,设函数 $y=f(x)$ 的定义域为 I,如果存在实数 M 满足:
(1) 对于任意的 $x\in I$,都有 $f(x)\leqslant M$;
(2) 存在 $x_0\in I$,使 $f(x_0)=M$.
那么,我们称 M 是函数 $y=f(x)$ 的**最大值**(Maximum Value).

> **思考**
> 你能仿照函数最大值的定义,给出函数 $y=f(x)$ 的**最小值**(Minimum Value)的定义吗?

画出一个函数的图像,我们很容易判断这个函数在某个区间上的增减性.

下面我们来讨论,如何由一个函数的解析式来判断这个函数是增函数还是减函数.

已知函数 $y=f(x)$,在给定的区间上,它的图像如图 2-10 所示,在此图像上任意选取两点 $A(x_1,y_1), B(x_2,y_2)$,记

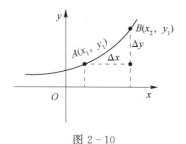

图 2-10

$\Delta x = x_2 - x_1, \Delta y = f(x_2) - f(x_1) = y_2 - y_1.$ ❶

Δx 表示自变量 x 的增量，Δy 表示函数 y 的增量.

这时，对于属于这个区间的任意两个不相等的值 x_1、x_2：

这个函数是增函数的充要条件是 $\dfrac{\Delta y}{\Delta x} > 0$；

这个函数是减函数的充要条件是 $\dfrac{\Delta y}{\Delta x} < 0$.

由此我们得到，由一个函数的解析式判断一个函数是增函数还是减函数的步骤：

❶ △ 为希腊字母，读作"delta".

S1 计算 Δx 和 Δy；
S2 计算 $k = \dfrac{\Delta y}{\Delta x}$，
    当 $k > 0$ 时，函数 $y = f(x)$ 在这个区间上是增函数；
    当 $k < 0$ 时，函数 $y = f(x)$ 在这个区间上是减函数.

如果一个函数在某个区间上是增函数或是减函数，就说这个函数在这个区间上具有（严格的）**单调性**.

知识巩固

例 3 图 2-11 所示为定义在区间 $[-5, 5]$ 上的函数 $y = f(x)$，根据图像说出函数的单调区间，以及在每一单调区间上，它是增函数还是减函数.

解 函数 $y = f(x)$ 的单调区间有 $[-5, -2), [-2, 1), [1, 3), [3, 5]$，其中 $y = f(x)$ 在区间 $[-5, -2), [1, 3)$ 上是减函数，在区间 $[-2, 1), [3, 5]$ 上是增函数.

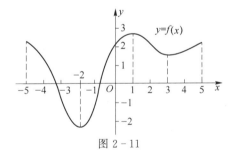

图 2-11

例 4 证明函数 $f(x) = 3x + 2$ 在 $(-\infty, +\infty)$ 上是增函数.

证明 设 x_1、x_2 是任意两个不相等的实数，则

$\Delta x = x_2 - x_1$，
$\Delta y = f(x_2) - f(x_1) = (3x_2 + 2) - (3x_1 + 2)$
$\qquad = 3(x_2 - x_1)$，
$\dfrac{\Delta y}{\Delta x} = \dfrac{3(x_2 - x_1)}{x_2 - x_1} = 3 > 0$.

因此，函数 $f(x) = 3x + 2$ 在区间 $(-\infty, +\infty)$ 内是增函数.

函数的单调区间，一般是指保持函数单调性的最大区间.

例 5 证明函数 $f(x) = \dfrac{1}{x}$ 在区间 $(0, +\infty)$ 内是减函数.

证明 设 x_1、x_2 是 $(0,+\infty)$ 内的任意两个不相等的正实数,则
$\Delta x = x_2 - x_1$,
$\Delta y = f(x_2) - f(x_1)$
$= \dfrac{1}{x_2} - \dfrac{1}{x_1} = \dfrac{x_1 - x_2}{x_1 x_2} = -\dfrac{x_2 - x_1}{x_1 x_2}$,
$\dfrac{\Delta y}{\Delta x} = -\dfrac{1}{x_1 x_2} < 0$.

因此,$f(x) = \dfrac{1}{x}$ 在区间 $(0,+\infty)$ 内是减函数.

例 6 "菊花"烟花是最壮观的烟花之一. 制造时一般是期望在它达到最高点时爆裂. 如果烟花距地面的高度 h m 与时间 t s 之间的关系为 $h(t) = -4.9t^2 + 14.7t + 18$,那么烟花冲出多久后是它爆裂的最佳时刻? 这时距地面的高度是多少(精确到 1m)?

烟花设计者就是按照这些数据设定引信的长度,以达到施放烟花的最佳效果.

解 作出函数 $h(t) = -4.9t^2 + 14.7t + 18$ 的图像(见图 2-12). 显然,函数图像的顶点就是烟花上升的最高点,顶点的横坐标就是烟花爆裂的最佳时刻,纵坐标就是这时距地面的高度.

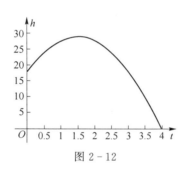

图 2-12

由二次函数的知识,对于函数 $h(t) = -4.9t^2 + 14.7t + 18$,我们有:

当 $t = -\dfrac{14.7}{2 \times (-4.9)} = 1.5$ 时,函数有最大值

$$h = \dfrac{4 \times (-4.9) \times 18 - 14.7^2}{4 \times (-4.9)} \approx 29.$$

于是,烟花冲出后 1.5 s 是它爆裂的最佳时刻,这时距地面的高度约为 29 m.

例 7 已知函数 $f(x) = \dfrac{2}{x-1}$ $(x \in [2,6])$,求函数的最大值和最小值.

分析 由函数 $f(x) = \dfrac{2}{x-1}$ $(x \in [2,6])$ 的图像(见图 2-13)可知,函数 $f(x) = \dfrac{2}{x-1}$ 在区间 $[2,6]$ 上递减. 所以,函数 $f(x) = \dfrac{2}{x-1}$ 在区间 $[2,6]$ 的两个端点上分别取得最大值和最小值.

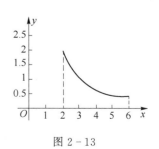

图 2-13

解 设 x_1、x_2 是区间 $[2,6]$ 上的任意两个实数,且 $x_1 < x_2$,则
$f(x_1) - f(x_2) = \dfrac{2}{x_1 - 1} - \dfrac{2}{x_2 - 1}$

$$= \frac{2[(x_2-1)-(x_1-1)]}{(x_1-1)(x_2-1)}$$

$$= \frac{2(x_2-x_1)}{(x_1-1)(x_2-1)}.$$

由 $2 \leqslant x_1 < x_2 \leqslant 6$,得 $x_2-x_1>0,(x_1-1)(x_2-1)>0$,

于是 $f(x_1)-f(x_2)>0$,

即 $f(x_1)>f(x_2)$.

所以,函数 $f(x)=\frac{2}{x-1}$ 是区间 $[2,6]$ 上的减函数.

因此,函数 $f(x)=\frac{2}{x-1}$ 在区间 $[2,6]$ 的两个端点上分别取得最大值与最小值,即在 $x=2$ 时取得最大值,最大值是 2;在 $x=6$ 时取得最小值,最小值是 0.4.

练习 2.2.2

1. 请根据下图描述某装配线的生产效率与生产线上工人数量间的关系.

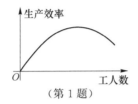

(第1题)

2. 整个上午(8:00—12:00)天气越来越暖,中午时分(12:00—13:00)一场暴风雨使天气骤然凉爽了许多.暴风雨过后,天气转暖,直到太阳落山(18:00)才又开始转凉.画出这一天 8:00—20:00 气温作为时间函数的一个可能的图像,并说出所画函数的单调区间.

3. 根据下图说出函数的单调区间,以及在每一单调区间上,函数是增函数还是减函数.

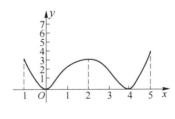

(第3题)

4. 证明函数 $f(x)=-2x+1$ 在 **R** 上是减函数.

5. 设 $f(x)$ 是定义在区间 $[-6,11]$ 上的函数.如果 $f(x)$ 在区间 $[-6,-2]$ 上递减,在区间 $[-2,11]$ 上递增,画出 $f(x)$ 的一个大致的图像,从图像上可以发现 $f(-2)$ 是函数 $f(x)$ 的一个_____.

2.2.3 奇偶性

1. 对称点的坐标特征

在初中平面几何中,我们学习了关于轴对称图形和中心对称图形的知识.我国许多古代建筑,充分展现出图形的对称美,如图 2-14 所示.

图 2-14

❓ 问题

两个分别关于 x 轴、y 轴或原点 O 对称的点,其坐标各具有什么特征呢?

对称图案(1)

对称图案(2)

✋ 新知识

点 $P(3,2)$ 关于 x 轴的对称点是沿着 x 轴对折,得到与点 P 相重合的点 P_1,其坐标为 $(3,-2)$;点 $P(3,2)$ 关于 y 轴的对称点是沿着 y 轴对折,得到与点 P 相重合的点 P_2,其坐标为 $(-3,2)$;点 $P(3,2)$ 关于原点 O 的对称点是线段 OP 绕着原点 O 旋转 $180°$,得到与点 P 相重合的点 P_3,其坐标为 $(-3,-2)$,如图 2-15 所示.

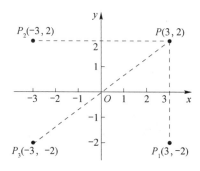

图 2-15

一般地,设点 $P(a,b)$ 为平面内的任意一点,则

(1) 点 $P(a,b)$ 关于 x 轴的对称点的坐标为 $(a,-b)$;

(2) 点 $P(a,b)$ 关于 y 轴的对称点的坐标为 $(-a,b)$;

(3) 点 $P(a,b)$ 关于原点 O 的对称点的坐标为 $(-a,-b)$.

🎯 知识巩固

例 8 (1) 已知点 $P(-2,3)$,写出点 P 关于 x 轴的对称点的坐标.

(2) 已知点 $P(x,y)$,写出点 P 关于 y 轴的对称点的坐标与关于原点 O 的对称点的坐标.

(3) 设函数 $y=f(x)$,在函数图像上任取一点 $P(a,f(a))$,写出点 P 关于 y 轴的对称点的坐标与关于原点 O 的对称点的坐标.

解 (1) 点 $P(-2,3)$ 关于 x 轴的对称点的坐标为 $(-2,-3)$.

(2) 点 $P(x,y)$ 关于 y 轴的对称点的坐标为 $(-x,y)$,点 $P(x,y)$ 关于原点 O 的对称点的坐标为 $(-x,-y)$.

(3) 点 $P(a,f(a))$ 关于 y 轴的对称点的坐标为 $(-a,f(a))$,点 $p(a,f(a))$ 关于原点 O 的对称点的坐标为 $(-a,-f(a))$.

2. 奇偶性

实例

观察图 2-16,思考并讨论以下问题:

(1) 这两个函数图像有什么共同特征吗?

(2) 相应的两个函数值对应表是如何体现这些特征的?

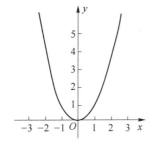 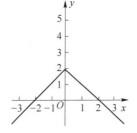

图 2-16

x	...	-3	-2	-1	0	1	2	3	...
$f(x)=x^2$	...	9	4	1	0	1	4	9	...

x	...	-3	-2	-1	0	1	2	3	...
$f(x)=2-|x|$	...	-1	0	1	2	1	0	-1	...

新知识

我们看到,这两个函数的图像都关于 y 轴对称.那么,如何利用函数解析式描述函数图像的这个特征呢?

从函数值对应表可以看到,当自变量 x 取一对相反数时,相应的两个函数值相同.

例如,对于函数 $f(x)=x^2$,有:
$$f(-3)=9=f(3);$$
$$f(-2)=4=f(2);$$
$$f(-1)=1=f(1).$$

实际上,对于 **R** 内任意的一个 x,都有 $f(-x)=(-x)^2=x^2=f(x)$.这时我们称函数 $f(x)=x^2$ 为偶函数.

> 请你仿照这个过程,说明函数 $f(x)=2-|x|$ 也是偶函数.

一般地，如果对于函数 $f(x)$ 的定义域内任意一个 x，都有 $f(-x)=f(x)$，那么函数 $f(x)$ 就叫作**偶函数**(Even Function).

例如，函数 $f(x)=x^2+1$，$f(x)=\dfrac{2}{x^2+11}$ 都是偶函数，它们的图像分别如图 2-17(1)、图 2-17(2)所示.

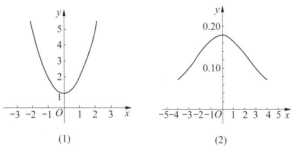

图 2-17

观察

观察函数 $f(x)=x$ 和 $f(x)=\dfrac{1}{x}$ 的图像(见图 2-18)，并完成下面两个函数值对应表，你能发现这两个函数有什么共同特征吗？

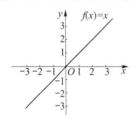 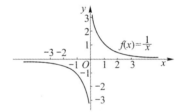

图 2-18

x	...	-3	-2	-1	0	1	2	3	...
$f(x)=x$	...				0				...

x	...	-3	-2	-1	0	1	2	3	...
$f(x)=\dfrac{1}{x}$	...				/				...

我们看到，两个函数的图像都关于坐标原点对称. 函数图像的这个特征，反映在函数解析式上就是：

当自变量 x 取一对相反数时，相应的函数值 $f(x)$ 也是一对相反数.

例如，对于函数 $f(x)=x$ 有：
$$f(-3)=-3=-f(3);$$
$$f(-2)=-2=-f(2);$$
$$f(-1)=-1=-f(1).$$

实际上，对于函数 $f(x)=x$ 定义域 **R** 内任意一个 x，都有 $f(-x)=-x=-f(x)$. 这时

> 请仿照这个过程，说明函数 $f(x)=\dfrac{1}{x}$ 也是奇函数.

我们称函数 $f(x)=x$ 为奇函数.

一般地,如果对于函数 $f(x)$ 的定义域内任意一个 x,都有 $f(-x)=-f(x)$,那么函数 $f(x)$ 就叫作**奇函数**(Odd Function).

> **思考**
>
> (1) 判断函数 $f(x)=x^3+x$ 的奇偶性.
>
> (2) 如果图 2-19 是函数 $f(x)=x^3+x$ 图像的一部分,你能根据 $f(x)$ 的奇偶性画出它在 y 轴左边的图像吗?

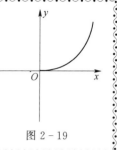

图 2-19

知识巩固

例 9 判断下列函数的奇偶性:

(1) $f(x)=x^4$; (2) $f(x)=x^5$;

(3) $f(x)=x+\dfrac{1}{x}$; (4) $f(x)=\dfrac{1}{x^2}$.

解 (1) 对于函数 $f(x)=x^4$,其定义域为 $(-\infty,+\infty)$.

因为对定义域内的每一个 x,都有
$$f(-x)=(-x)^4=x^4=f(x),$$
所以,函数 $f(x)=x^4$ 为偶函数.

(2) 对于函数 $f(x)=x^5$,其定义域为 $(-\infty,+\infty)$.

因为对定义域内的每一个 x,都有
$$f(-x)=(-x)^5=-x^5=-f(x),$$
所以,函数 $f(x)=x^5$ 为奇函数.

(3) 对于函数 $f(x)=x+\dfrac{1}{x}$,其定义域为 $\{x\mid x\neq 0\}$.

因为对于定义域内的每一个 x,都有
$$f(-x)=-x+\dfrac{1}{-x}=-\left(x+\dfrac{1}{x}\right)=-f(x),$$
所以,函数 $f(x)=x+\dfrac{1}{x}$ 为奇函数.

(4) 对于函数 $f(x)=\dfrac{1}{x^2}$,其定义域为 $\{x\mid x\neq 0\}$.

因为对于定义域内的每一个 x,都有
$$f(-x)=\dfrac{1}{(-x)^2}=\dfrac{1}{x^2}=f(x),$$
所以,函数 $f(x)=\dfrac{1}{x^2}$ 为偶函数.

练习 2.2.3

1. 求满足下列条件的点的坐标：
   (1) 与点$(-2,1)$关于x轴对称；
   (2) 与点$(-1,-3)$关于y轴对称；
   (3) 与点$(2,-1)$关于坐标原点对称；
   (4) 与点$(-1,0)$关于y轴对称.

2. 判断下列函数的奇偶性：
   (1) $f(x)=2x^4+3x^2$；   (2) $f(x)=x^3-2x$；
   (3) $f(x)=\dfrac{x^2+1}{x}$；   (4) $f(x)=x^2+1$.

3. 已知$f(x)$是偶函数，$g(x)$是奇函数，试将下图补充完整.

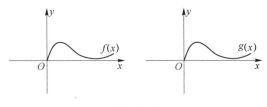

(第3题)

2.3 指数函数

2.3.1 指数与指数幂的运算

实例

我们已经知道$\dfrac{1}{2}$、$\left(\dfrac{1}{2}\right)^2$、$\left(\dfrac{1}{2}\right)^3$、$\cdots$是正数指数幂，它们的值分别为$\dfrac{1}{2}$、$\dfrac{1}{4}$、$\dfrac{1}{8}$、$\cdots$. 那么$\left(\dfrac{1}{2}\right)^{\frac{2}{3}}$、$\left(\dfrac{1}{2}\right)^{\frac{3}{4}}$、$\left(\dfrac{1}{2}\right)^{\frac{7}{5}}$的意义是什么呢？这正是我们将要学习的知识. 下面我们一起将指数的数值从整数推广到实数.

1. 根式

新知识

我们知道，如果$x^2=a$，那么x叫作a的平方根，例如，± 2就是4的平方根；如果$x^3=a$，那么x叫作a的立方根，例如，2就是8的立方根.

类似地，如果$(\pm 2)^4=16$，我们就把± 2叫作16的4次方根；如果$2^5=32$，2就叫作32的5次方根.

一般地,如果 $x^n=a$,那么 x 叫作 a 的 n **次方根**(nth Root),其中 $n>1$,且 $n\in \mathbf{N}^*$.

当 n 是奇数时,正数的 n 次方根是一个正数,负数的 n 次方根是一个负数,这时,a 的 n 次方根用符号 $\sqrt[n]{a}$ 表示.例如,

$$\sqrt[5]{32}=2,\sqrt[5]{-32}=-2,\sqrt[3]{a^6}=a^2.$$

当 n 是偶数时,正数的 n 次方根有两个,这两个数互为相反数.这时,正数 a 的正的 n 次方根用符号 $\sqrt[n]{a}$ 表示,负的 n 次方根用符号 $-\sqrt[n]{a}$ 表示.正的 n 次方根与负的 n 次方根可以合并写成 $\pm\sqrt[n]{a}\,(a>0)$.例如,

$$\sqrt[4]{16}=2,-\sqrt[4]{16}=-2,$$

16 的 4 次方根可以表示为 $\pm\sqrt[4]{16}=\pm 2$.

负数没有偶次方根.

0 的任何次方根都是 0,记作 $\sqrt[n]{0}=0$.

式子 $\sqrt[n]{a}$ 叫作**根式**(Radical),这里 n 叫作**根指数**(Radical Exponent),a 叫作**被开方数**(Radicand).

根据 n 次方根的意义,可得

$$(\sqrt[n]{a})^n=a.$$

例如,$(\sqrt{5})^2=5,(\sqrt[5]{-3})^5=-3$.

> **探究**
>
> $\sqrt[n]{a^n}$ 表示 a^n 的 n 次方根,等式 $\sqrt[n]{a^n}=a$ 一定成立吗?如果不成立,那么 $\sqrt[n]{a^n}$ 等于什么?

通过探究可以得到:

当 n 为奇数时,$\sqrt[n]{a^n}=a$;

当 n 为偶数时,$\sqrt[n]{a^n}=|a|=\begin{cases}a,a\geqslant 0,\\ -a,a<0.\end{cases}$

知识巩固

例 1 求下列各式的值:

(1) $\sqrt[3]{(-8)^3}$; (2) $\sqrt{(-10)^2}$;

(3) $\sqrt[4]{(3-\pi)^4}$; (4) $\sqrt{(a-b)^2}\,(a>b)$.

解 (1) $\sqrt[3]{(-8)^3}=-8$;

(2) $\sqrt{(-10)^2}=|-10|=10$;

(3) $\sqrt[4]{(3-\pi)^4}=|3-\pi|=\pi-3$;

(4) $\sqrt{(a-b)^2}=|a-b|=a-b\,(a>b)$.

练习 2.3.1.1

求下列各式的值：

(1) $\sqrt{(-2)^2}$；

(2) $\sqrt[3]{(m-n)^3}$ $(m>n)$；

(3) $\sqrt{(2-\pi)^2}$；

(4) $\sqrt[4]{(-8)^4}$.

2. 分数指数幂

新知识

我们来看下面的例子. 根据 n 次方根的定义和数的运算，

$$\sqrt[5]{a^{10}}=\sqrt[5]{(a^2)^5}=a^2=a^{\frac{10}{5}}\ (a>0),$$

$$\sqrt[4]{a^{12}}=\sqrt[4]{(a^3)^4}=a^3=a^{\frac{12}{4}}\ (a>0).$$

这就是说，当根式的被开方数的指数能被根指数整除时，根式可以表示为分数指数幂的形式.

那么，当根式的被开方数的指数不能被根指数整除时，根式是否也可以表示为分数指数幂的形式呢？例如，能否把 $\sqrt[3]{a^2}$、$\sqrt{b}$、$\sqrt[4]{c^5}$ 等写成下列形式：

$$\sqrt[3]{a^2}=a^{\frac{2}{3}}\quad(a>0),$$

$$\sqrt{b}=b^{\frac{1}{2}}\quad(b>0),$$

$$\sqrt[4]{c^5}=c^{\frac{5}{4}}\quad(c>0).$$

> 数学中，引进一个新的概念或法则时，总希望它与已有的概念或法则是相容的.

如果可以，那么整数指数幂的运算性质 $(a^k)^n=a^{kn}$ 对分数指数幂是否仍然适用？

我们规定正数的正分数指数幂的意义是

$$a^{\frac{m}{n}}=\sqrt[n]{a^m}\ (a>0, m,n\in\mathbf{N}^*, 且 n>1).$$

于是，在条件 $a>0, m,n\in\mathbf{N}^*$，且 $n>1$ 下，根式都可以写成分数指数幂的形式.

正数的负分数指数幂的意义与负整数指数幂的意义相仿，我们规定

$$a^{-\frac{m}{n}}=\frac{1}{a^{\frac{m}{n}}}(a>0, m,n\in\mathbf{N}^*, 且 n>1).$$

> 这里，我们略去了规定合理性的说明.

例如，$5^{-\frac{4}{3}}=\dfrac{1}{5^{\frac{4}{3}}}=\dfrac{1}{\sqrt[3]{5^4}}$，$a^{-\frac{2}{3}}=\dfrac{1}{a^{\frac{2}{3}}}=\dfrac{1}{\sqrt[3]{a^2}}\ (a>0)$.

0 的正分数指数幂等于 0，0 的负分数指数幂没有意义.

规定了分数指数幂的意义以后，指数的概念就从整数指数推广到了有理数指数.

整数指数幂的运算性质对于有理数指数幂也同样适用，即对于任意有理数 r、s，均有下面的运算性质.

(1) $a^r a^s = a^{r+s}\ (a>0, r,s\in\mathbf{Q})$；
(2) $(a^r)^s = a^{rs}\ (a>0, r,s\in\mathbf{Q})$；
(3) $(ab)^r = a^r b^r\ (a>0, b>0, r\in\mathbf{Q})$.

> **思考**
> 左方框中 r、$s\in\mathbf{R}$ 成立吗？

知识巩固

例2 求值：

$8^{\frac{2}{3}}$；$25^{-\frac{1}{2}}$；$\left(\dfrac{1}{2}\right)^{-5}$；$\left(\dfrac{16}{81}\right)^{-\frac{3}{4}}$.

解 $8^{\frac{2}{3}} = (2^3)^{\frac{2}{3}} = 2^{3 \times \frac{2}{3}} = 2^2 = 4$；

$25^{-\frac{1}{2}} = (5^2)^{-\frac{1}{2}} = 5^{2 \times \left(-\frac{1}{2}\right)} = 5^{-1} = \dfrac{1}{5}$；

$\left(\dfrac{1}{2}\right)^{-5} = (2^{-1})^{-5} = 2^5 = 32$；

$\left(\dfrac{16}{81}\right)^{-\frac{3}{4}} = \left(\dfrac{2}{3}\right)^{4 \times \left(-\frac{3}{4}\right)} = \left(\dfrac{2}{3}\right)^{-3} = \dfrac{27}{8}$.

例3 用分数指数幂的形式表示下列各式（其中 $a>0$）：

$a^3 \cdot \sqrt{a}$；$a^2 \cdot \sqrt[3]{a^2}$；$\sqrt{a \sqrt[3]{a}}$.

解 $a^3 \cdot \sqrt{a} = a^3 \cdot a^{\frac{1}{2}} = a^{3+\frac{1}{2}} = a^{\frac{7}{2}}$；

$a^2 \cdot \sqrt[3]{a^2} = a^2 \cdot a^{\frac{2}{3}} = a^{2+\frac{2}{3}} = a^{\frac{8}{3}}$；

$\sqrt{a \sqrt[3]{a}} = (a \cdot a^{\frac{1}{3}})^{\frac{1}{2}} = (a^{\frac{4}{3}})^{\frac{1}{2}} = a^{\frac{2}{3}}$.

例4 计算下列各式（式中字母都是正数）：

(1) $(2a^{\frac{2}{3}}b^{\frac{1}{2}})(-6a^{\frac{1}{2}}b^{\frac{1}{3}}) \div (-3a^{\frac{1}{6}}b^{\frac{5}{6}})$；　　(2) $(m^{\frac{1}{4}}n^{-\frac{3}{8}})^8$.

解 (1) $(2a^{\frac{2}{3}}b^{\frac{1}{2}})(-6a^{\frac{1}{2}}b^{\frac{1}{3}}) \div (-3a^{\frac{1}{6}}b^{\frac{5}{6}})$

$= [2 \times (-6) \div (-3)]a^{\frac{2}{3}+\frac{1}{2}-\frac{1}{6}}b^{\frac{1}{2}+\frac{1}{3}-\frac{5}{6}}$

$= 4ab^0$

$= 4a$；

(2) $(m^{\frac{1}{4}}n^{-\frac{3}{8}})^8$

$= (m^{\frac{1}{4}})^8 (n^{-\frac{3}{8}})^8$

$= m^2 n^{-3}$

$= \dfrac{m^2}{n^3}$.

例5 计算下列各式：

(1) $(\sqrt[3]{25} - \sqrt{125}) \div \sqrt[4]{25}$；　　(2) $\dfrac{a^2}{\sqrt{a} \cdot \sqrt[3]{a^2}}$ ($a>0$).

解 (1) $(\sqrt[3]{25} - \sqrt{125}) \div \sqrt[4]{25}$

$= (5^{\frac{2}{3}} - 5^{\frac{3}{2}}) \div 5^{\frac{1}{2}}$

$= 5^{\frac{2}{3}} \div 5^{\frac{1}{2}} - 5^{\frac{3}{2}} \div 5^{\frac{1}{2}}$

$= 5^{\frac{2}{3}-\frac{1}{2}} - 5^{\frac{3}{2}-\frac{1}{2}}$

$= 5^{\frac{1}{6}} - 5$

$= \sqrt[6]{5} - 5$；

(2) $\dfrac{a^2}{\sqrt{a}\cdot\sqrt[3]{a^2}}$

$=\dfrac{a^2}{a^{\frac{1}{2}}a^{\frac{2}{3}}}$

$=a^{2-\frac{1}{2}-\frac{2}{3}}$

$=a^{\frac{5}{6}}$

$=\sqrt[6]{a^5}$.

练习 2.3.1.2

1. 用根式的形式表示下列各式($a>0$):
$a^{\frac{1}{2}}$, $a^{\frac{3}{4}}$, $a^{-\frac{3}{5}}$, $a^{-\frac{2}{3}}$.

2. 用分数指数幂表示下列各式:

(1) $\sqrt[3]{x^2}$ ($x>0$); 　　　　(2) $\sqrt[4]{(a+b)^3}$ ($a+b>0$);

(3) $\sqrt[3]{(m-n)^2}$ ($m>n$);　　(4) $\sqrt{(m-n)^4}$ ($m>n$);

(5) $\sqrt{p^6 q^5}$ ($q>0$);　　　　(6) $\dfrac{m^3}{\sqrt{m}}$ ($m\ne 0$).

3. 计算下列各式:

(1) $\left(\dfrac{36}{49}\right)^{\frac{3}{2}}$;　　　　(2) $2\sqrt{3}\times\sqrt[3]{1.5}\times\sqrt[6]{12}$;

(3) $a^{\frac{1}{2}}a^{\frac{1}{4}}a^{-\frac{1}{8}}$;　　　　(4) $2x^{-\frac{1}{3}}\left(\dfrac{1}{2}x^{\frac{1}{3}}-2x^{-\frac{2}{3}}\right)$.

4. 求 $\left(\dfrac{4}{9}\right)^{\frac{1}{2}}+(-2\,004)^0+(0.008)^{-\frac{1}{3}}$ 的值.

5. 求 $2\sqrt{2}\cdot\sqrt[4]{2}\cdot\sqrt[8]{4}$ 的值.

2.3.2 指数函数及其性质

问题

某种生物的细胞分裂,由 1 个分裂成 2 个,2 个分裂成 4 个,4 个分裂成 8 个,…,按照这个规律分裂下去,知道分裂的次数,如何求得细胞的个数?

新知识

设细胞分裂 x 次后得到的细胞个数为 y,则可列表(见表 2-4):

表 2-4

分裂次数 x	1	2	3	…	x	…
细胞个数 y	$2(=2^1)$	$4(=2^2)$	$8(=2^3)$	…	2^x	…

由此得到

$$y=2^x.$$

在这个函数中,指数 x 为自变量,底 2 为常数.

一般地,函数 $y=a^x(a>0,$ 且 $a\neq 1)$ 叫作**指数函数**(Exponential Function),其中 x 是自变量,函数的定义域是 **R**.

下面我们来研究指数函数 $y=a^x(a>0,$ 且 $a\neq 1)$ 的图像与性质.

先画函数 $y=2^x$ 的图像.

请同学们完成 x、y 的对应值(见表 2-5),并用描点法画出函数 $y=2^x$ 的图像(见图 2-20).

表 2-5

x	y
-2	
-1.5	0.35
-1	
-0.5	0.71
0	
0.5	1.41
1	
1.5	2.83
2	

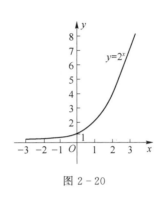

图 2-20

再画函数 $y=\left(\dfrac{1}{2}\right)^x$ 的图像.

请同学们完成 x、y 的对应值(见表 2-6),并用描点法画出它的图像(见图 2-21).

表 2-6

x	y
-2	
-1.5	
-1	2
-0.5	
0	
0.5	
1	
1.5	
2	

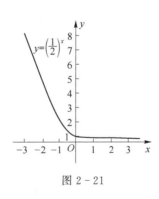

图 2-21

思考

函数 $y=2^x$ 的图像与函数 $y=\left(\dfrac{1}{2}\right)^x$ 的图像有什么关系?可否利用 $y=2^x$ 的图像画出 $y=\left(\dfrac{1}{2}\right)^x$ 的图像?

由表 2-5 和表 2-6,以及图 2-16 和图 2-17 可以发现,我们可以通过函数 $y=2^x$ 的图像得到函数 $y=\left(\dfrac{1}{2}\right)^x$ 的图像. 因为 $y=\left(\dfrac{1}{2}\right)^x=2^{-x}$,点 (x,y) 与点 $(-x,y)$ 关于 y 轴对称,所以,$y=2^x$ 图像上任意一点 $P(x,y)$ 关于 y 轴的对称点 $P_1(-x,y)$ 都在 $y=\left(\dfrac{1}{2}\right)^x$ 的图像上,反之亦然. 根据这种对称性就可以利用 $y=2^x$ 的图像画出 $y=\left(\dfrac{1}{2}\right)^x$ 的图像(见图 2-22).

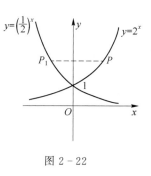

图 2-22

探究

选取底数 $a(a>0,$ 且 $a\neq 1)$ 的若干个不同的值,在同一平面直角坐标系内作出相应的指数函数的图像. 观察图像,你能发现它们有哪些共同特征?

可以列表描点作图,也可以利用计算器或计算机画出函数图像.

一般地,指数函数 $y=a^x(a>0,$ 且 $a\neq 1)$ 的图像和性质如表 2-7 所示.

表 2-7

项目	$0<a<1$	$a>1$
图像	$y=a^x$ $(0<a<1)$,过点 $(0,1)$	$y=a^x$ $(a<1)$,过点 $(0,1)$
定义域	R	
值域	$(0,+\infty)$	
性质	(1) 过定点 $(0,1)$,即 $x=0$ 时,$y=1$	
	(2) 在 R 上是减函数	(2) 在 R 上是增函数

知识巩固

例 6 已知指数函数 $f(x)=a^x(a>0,$ 且 $a\neq 1)$ 的图像经过点 $(3,\pi)$,求 $f(0)$、$f(1)$、$f(-3)$ 的值.

分析 要求 $f(0)$、$f(1)$、$f(-3)$ 的值,我们需要先求出指数函数 $f(x)=a^x$ 的解析式,也就是要先求 a 的值. 根据函数图像过点 $(3,\pi)$ 这一条件,可以求得底数 a 的值.

解 因为 $f(x)=a^x$ 的图像经过点 $(3,\pi)$,所以

$$f(3)=\pi,$$

即 $a^3=\pi$，解得 $a=\pi^{\frac{1}{3}}$，于是
$$f(x)=\pi^{\frac{x}{3}}.$$

所以，$f(0)=\pi^0=1$，$f(1)=\pi^{\frac{1}{3}}=\sqrt[3]{\pi}$，$f(-3)=\pi^{-1}=\dfrac{1}{\pi}$.

例 7 比较下列各题中两个值的大小：

(1) $1.7^{2.5}$，1.7^3；

(2) $0.8^{-0.1}$，$0.8^{-0.2}$；

(3) $1.7^{0.3}$，$0.9^{3.1}$.

解 (1) $1.7^{2.5}$，1.7^3 可看作函数 $y=1.7^x$ 的两个函数值. 由于底数 $1.7>1$，因此指数函数 $y=1.7^x$ 在 **R** 上是增函数.

因为 $2.5<3$，所以 $1.7^{2.5}<1.7^3$.

(2) $0.8^{-0.1}$，$0.8^{-0.2}$ 可看作函数 $y=0.8^x$ 的两个函数值. 由于底数 $0<0.8<1$，因此指数函数 $y=0.8^x$ 在 **R** 上是减函数.

因为 $-0.1>-0.2$，所以 $0.8^{-0.1}<0.8^{-0.2}$.

(3) $1.7^{0.3}$，$0.9^{3.1}$ 不能看作同一个指数函数的两个函数值. 我们可以首先在这两个数值中间找一个数值，将这一个数值与原来两个数值分别比较大小，然后确定原来两个数值的大小关系.

由指数函数的性质知
$$1.7^{0.3}>1.7^0=1,$$
$$0.9^{3.1}<0.9^0=1,$$

所以 $1.7^{0.3}>0.9^{3.1}$.

> 由例 7 可以看到，利用函数单调性，通过自变量的大小关系可以判断相应函数值的大小关系.

例 8 截止到 1999 年年底，我国人口约 13 亿人，如果今后能将人口年平均增长率控制在 1%，那么经过 20 年后，我国人口数最多为多少（精确到亿人）？

解 设今后人口年平均增长率为 1%，经过 x 年后，我国人口数为 y 亿人.

1999 年年底，我国人口约为 13 亿人；

经过 1 年（即 2000 年），人口数为
$$13+13\times1\%=13\times(1+1\%)(\text{亿人});$$

经过 2 年（即 2001 年），人口数为
$$13\times(1+1\%)+13\times(1+1\%)\times1\%$$
$$=13\times(1+1\%)^2(\text{亿人});$$

经过 3 年（即 2002 年），人口数为
$$13\times(1+1\%)^2+13\times(1+1\%)^2\times1\%$$
$$=13\times(1+1\%)^3(\text{亿人});$$

……

所以，经过 x 年，人口数为
$$y=13\times(1+1\%)^x=13\times1.01^x(\text{亿人}).$$

当 $x=20$ 时，$y=13\times1.01^{20}\approx16(\text{亿人})$.

所以,经过 20 年后,我国人口数最多为 16 亿人.

在实际问题中,经常会遇到类似例 8 的指数增长模型:设原有量为 N,每次的增长率为 p,经过 x 次增长,该量增长到 y,则 $y=N(1+p)^x (x\in \mathbf{N})$. 形如 $y=ka^x (k\in \mathbf{R},$ 且 $k\neq 0$; $a>0$,且 $a\neq 1)$ 的函数是一种指数型函数,这是非常有用的函数模型.

探究

(1) 如果人口年均增长率提高 1‰,利用计算器分别计算 20 年、33 年后我国的人口数.

(2) 如果年均增长率保持在 2‰,利用计算器计算 2020—2100 年,每隔 5 年相应的人口数.

(3) 你看到我国人口数的增长呈现什么趋势?

(4) 你是如何看待我国的计划生育政策的?

练习 2.3.2

1. 在同一平面直角坐标系中画出下列函数的图像:

    (1) $y=3^x$;   (2) $y=\left(\dfrac{1}{3}\right)^x$.

2. 求下列函数的定义域:

    (1) $y=3^{\sqrt{x-2}}$;   (2) $y=\left(\dfrac{1}{2}\right)^{\frac{1}{x}}$.

3. 某种细胞分裂时,由 1 个分裂成 2 个,2 个分裂成 4 个,⋯,依次类推,写出 1 个这样的细胞分裂 x 次后,得到的细胞个数 y 与 x 的函数解析式.

习题 2.2

A 组

1. 求下列各式的值:

    (1) $\sqrt[4]{100^4}$;   (2) $\sqrt[5]{(-0.1)^5}$;

    (3) $\sqrt{(\pi-4)^2}$;   (4) $\sqrt[6]{(x-y)^6}\ (x>y)$.

2. 用分数指数幂表示下列各式(其中各式字母均为正数):

    (1) $\sqrt{\dfrac{b^3}{a}\sqrt{\dfrac{a^2}{b^6}}}$;   (2) $\sqrt{a^{\frac{1}{2}}\sqrt{a^{\frac{1}{2}}\sqrt{a}}}$;   (3) $\dfrac{\sqrt{m}\cdot \sqrt[3]{m}\cdot \sqrt[4]{m}}{(\sqrt[6]{m})^5\cdot m^{\frac{1}{4}}}$.

☆3. 用计算器求值(结果保留 4 位有效数字):

    (1) $5^{\frac{1}{3}}$;   (2) $8.3^{\frac{1}{2}}$;   (3) $3^{\sqrt{2}}$;   (4) 2^{π}.

4. 计算下列各式(式中各字母均为正数):

(1) $a^{\frac{1}{3}} a^{\frac{3}{4}} a^{\frac{7}{12}}$;

(2) $a^{\frac{2}{3}} a^{\frac{3}{4}} \div a^{\frac{5}{6}}$;

(3) $(x^{\frac{1}{3}} y^{-\frac{3}{4}})^{12}$;

(4) $4a^{\frac{2}{3}} b^{-\frac{1}{3}} \div \left(-\frac{2}{3} a^{-\frac{1}{3}} b^{-\frac{1}{3}}\right)$;

(5) $\left(\dfrac{16s^2 t^{-6}}{25 r^4}\right)^{-\frac{3}{2}}$;

(6) $(-2x^{\frac{1}{4}} y^{-\frac{1}{3}})(3x^{-\frac{1}{2}} y^{\frac{2}{3}})(-4x^{\frac{1}{4}} y^{\frac{2}{3}})$;

(7) $(2x^{\frac{1}{2}} + 3y^{-\frac{1}{4}})(2x^{\frac{1}{2}} - 3y^{-\frac{1}{4}})$;

(8) $4x^{\frac{1}{4}}(-3x^{\frac{1}{4}} y^{-\frac{1}{3}}) \div (-6x^{-\frac{1}{2}} y^{-\frac{2}{3}})$.

5. 求下列函数的定义域:

(1) $y = 2^{3-x}$;   (2) $y = 3^{2x+1}$;   (3) $y = \left(\dfrac{1}{2}\right)^{5x}$;   (4) $y = 0.7^{\frac{1}{x}}$.

6. 一种产品的产量原来是 a,在今后 m 年内,计划使产量平均每年比上一年增加 $p\%$,写出产量 y 随年数 x 变化的函数解析式.

7. 比较下列各题中两个数的大小:

(1) $3^{0.8}, 3^{0.7}$;   (2) $0.75^{-0.1}, 0.75^{0.1}$;

(3) $1.01^{2.7}, 1.01^{3.5}$;   (4) $0.99^{3.3}, 0.99^{4.5}$.

8. 已知下列不等式,比较 m、n 的大小:

(1) $2^m < 2^n$;   (2) $0.2^m < 0.2^n$;

(3) $a^m < a^n (0 < a < 1)$;   (4) $a^m > a^n (a > 1)$.

9. 当死亡生物组织内的碳 14 的含量不足死亡前的千分之一时,用一般的放射性探测器就测不到碳 14 了.当死亡生物组织内的碳 14 经过九个"半衰期"后,用一般的放射性探测器能测到碳 14 吗?

B 组

1. 求不等式 $a^{2x-7} > a^{4x-1} (a > 0,$ 且 $a \neq 1)$ 中 x 的取值范围.

2. 已知 $x + x^{-1} = 3$,求下列各式的值:

(1) $x^{\frac{1}{2}} + x^{-\frac{1}{2}}$;   (2) $x^2 + x^{-2}$;   (3) $x^2 - x^{-2}$.

2.4 对数函数

2.4.1 对数与对数运算

1. 对数的概念

? 问题 ....

如果提出问题:2 的多少次幂等于 8?你会很快地回答出 2 的 3 次幂等于 8,即 $2^3 = 8$. 也就是说,知道了幂和底,可以求得指数.

如果提出问题:**2 的多少次幂等于 9**?你还能很快地回答出来吗?

新知识

在一个指数式中,知道了底和幂,为了方便地求出指数,我们引进一个新数——对数.

如果 $a^b = N(a>0, a\neq 1)$,那么 b 叫作**以 a 为底 N 的对数**,记作
$$b = \log_a N.$$
其中 a 叫作**对数的底**,N 叫作**真数**.

例如,$2^3 = 8$ 可以写作 $\log_2 8 = 3$,3 叫作以 2 为底 8 的对数;$9^{\frac{1}{2}} = 3$ 可以写作 $\log_9 3 = \frac{1}{2}$,$\frac{1}{2}$ 叫作以 9 为底 3 的对数;$10^{-3} = 0.001$ 可以写作 $\log_{10} 0.001 = -3$,-3 叫作以 10 为底 0.001 的对数.

形如 $a^b = N$ 的式子叫作**指数式**,形如 $\log_a N = b$ 的式子叫作**对数式**. 当 $a>0$ 且 $a \neq 1$,$N>0$ 时,

$$a^b = N \Leftrightarrow \log_a N = b.$$

容易得到对数的如下性质:

(1) $\log_a 1 = 0$;

(2) $\log_a a = 1$;

(3) $N > 0$,即零和负数没有对数.

> **注意**
> 指数式与对数式中字母对应关系为:
> 指数式　对数式
> 底　↔　底
> 指数　↔　对数
> 幂　↔　真数

> **想一想**
> 如何利用指数式来说明对数的三个性质?

知识巩固

例 1 将下列指数式化为对数式,对数式化为指数式:

(1) $5^4 = 625$;　　(2) $2^{-6} = \dfrac{1}{64}$;

(3) $\left(\dfrac{1}{3}\right)^m = 5.73$;　　(4) $\log_{\frac{1}{2}} 16 = -4$;

(5) $\lg 0.01 = -2$;　　(6) $\ln 10 = 2.303$.

解 (1) $\log_5 625 = 4$;　　(2) $\log_2 \dfrac{1}{64} = -6$;

(3) $\log_{\frac{1}{3}} 5.73 = m$;　　(4) $\left(\dfrac{1}{2}\right)^{-4} = 16$;

(5) $10^{-2} = 0.01$;　　(6) $e^{2.303} = 10$.

例 2 求下列各式中 x 的值:

(1) $\log_{64} x = -\dfrac{2}{3}$;　　(2) $\log_x 8 = 6$;

(3) $\lg 100 = x$;　　(4) $-\ln e^2 = x$.

解 (1) 因为 $\log_{64} x = -\dfrac{2}{3}$,所以
$$x = 64^{-\frac{2}{3}} = (4^3)^{-\frac{2}{3}} = 4^{-2} = \dfrac{1}{16}.$$

> "log" 是拉丁文 logarithm(对数)的缩写.

> "$\Leftrightarrow$" 的含义是 "等价于".

> 请你利用对数与指数间的关系证明这两个结论.

(2) 因为 $\log_x 8 = 6$，所以 $x^6 = 8$.
又 $x > 0$，所以
$$x = 8^{\frac{1}{6}} = (2^3)^{\frac{1}{6}} = 2^{\frac{1}{2}} = \sqrt{2}.$$

(3) 因为 $\lg 100 = x$，所以
$$10^x = 100,$$
$$10^x = 10^2,$$
于是 $x = 2$.

(4) 因为 $-\ln e^2 = x$，所以
$$\ln e^2 = -x,$$
$$e^2 = e^{-x},$$
于是 $x = -2$.

练习 2.4.1.1

1. 把下列指数式写成对数式：
   (1) $2^3 = 8$；
   (2) $2^5 = 32$；
   (3) $2^{-1} = \dfrac{1}{2}$；
   (4) $27^{-\frac{1}{3}} = \dfrac{1}{3}$.

2. 把下列对数式写成指数式：
   (1) $\log_3 9 = 2$；
   (2) $\log_5 125 = 3$；
   (3) $\log_2 \dfrac{1}{4} = -2$；
   (4) $\log_3 \dfrac{1}{81} = -4$.

3. 求下列各式的值：
   (1) $\log_5 25$；
   (2) $\log_2 \dfrac{1}{16}$；
   (3) $\lg 1\,000$；
   (4) $\lg 0.001$.

4. 求下列各式的值：
   (1) $\log_{15} 15$；
   (2) $\log_{0.4} 1$；
   (3) $\log_9 81$；
   (4) $\log_{2.5} 6.25$；
   (5) $\log_7 343$；
   (6) $\log_3 243$.

2. 对数的运算

> **探究**
>
> 根据指数与对数的关系以及指数运算性质，你能得出相应的对数运算性质吗？

由于
$$a^m \cdot a^n = a^{m+n},$$
设
$$M = a^m, N = a^n,$$
于是

$$MN = a^{m+n}.$$

由对数的定义得到

$$\log_a M = m, \log_a N = n,$$
$$\log_a (M \cdot N) = m + n.$$

这样,我们就得到对数的一个运算性质:

$$\log_a (M \cdot N) = \log_a M + \log_a N.$$

同样地,同学们可以仿照上述过程,由 $a^m \div a^n = a^{m-n}$ 和 $(a^m)^n = a^{mn}$,得出对数运算的其他性质.

于是,我们得到如下的对数运算性质:

> 如果 $a > 0$,且 $a \neq 1$,$M > 0$,$N > 0$,那么
> (1) $\log_a (M \cdot N) = \log_a M + \log_a N$;
> (2) $\log_a \dfrac{M}{N} = \log_a M - \log_a N$;
> (3) $\log_a M^n = n \log_a M (n \in \mathbf{R})$.

例 3 用 $\log_a x, \log_a y, \log_a z$ 表示下列各式:

(1) $\log_a \dfrac{xy}{z}$; (2) $\log_a \dfrac{x^2 \sqrt{y}}{\sqrt[3]{z}}$.

解 (1) $\log_a \dfrac{xy}{z}$

$= \log_a (xy) - \log_a z$

$= \log_a x + \log_a y - \log_a z$;

(2) $\log_a \dfrac{x^2 \sqrt{y}}{\sqrt[3]{z}}$

$= \log_a (x^2 \sqrt{y}) - \log_a \sqrt[3]{z}$

$= \log_a x^2 + \log_a \sqrt{y} - \log_a \sqrt[3]{z}$

$= 2\log_a x + \dfrac{1}{2} \log_a y - \dfrac{1}{3} \log_a z.$

例 4 求下列各式的值:

(1) $\log_2 (4^7 \times 2^5)$; (2) $\lg \sqrt[5]{100}$.

解 (1) $\log_2 (4^7 \times 2^5)$

$= \log_2 4^7 + \log_2 2^5$

$= 7 \log_2 4 + 5 \log_2 2$

$= 7 \times 2 + 5 \times 1$

$= 19$;

(2) $\lg \sqrt[5]{100}$

$= \lg 10^{\frac{2}{5}}$

$= \dfrac{2}{5}.$

> 知识延伸

对数恒等式

我们来推导对数恒等式.

因为 $a^b = N$,根据对数的定义 $b = \log_a N$,于是得到下面的对数恒等式:

$$a^{\log_a N} = N.$$

例如,$2^{\log_2 32} = 32$,$10^{\log_{10} 100} = 100$.

根据对数的定义,对数具有下列性质:

(1) $\log_a a = 1$,即底的对数等于 1;
(2) $\log_a 1 = 0$,即 1 的对数为 0;
(3) 0 和负数没有对数.

其中 $a > 0$,且 $a \neq 1$.

例 5 求 $\log_2 2$,$\log_2 1$,$\log_2 16$,$\log_2 \frac{1}{2}$.

解 因为 $2^1 = 2$,   所以 $\log_2 2 = 1$;
因为 $2^0 = 1$,   所以 $\log_2 1 = 0$;
因为 $2^4 = 16$,   所以 $\log_2 16 = 4$;
因为 $2^{-1} = \frac{1}{2}$,   所以 $\log_2 \frac{1}{2} = -1$.

3. 常用对数

底是 10 的对数叫作**常用对数**. 为了简便,通常把底 10 略去不写,并把"log"写成"lg",即把 $\log_{10} N$ 记作 lg N. 例如,100 的常用对数可以记为 lg 100.

例 6 求 lg 10,lg 100,lg 0.01.

解 因为 $10^1 = 10$,   所以 lg 10 = 1;
因为 $10^2 = 100$,   所以 lg 100 = 2;
因为 $10^{-2} = 0.01$,   所以 lg 0.01 = -2.

求任意一个正数的常用对数,可查对数表或直接使用计算器求解.

☆**例 7** 利用计算器求对数(精确到 0.000 1):

lg 2 001,lg 0.618,lg 0.004 5,lg 396.5.

解 用计算器计算:

按键 [MODE] [MODE] [MODE] 1 4 ❶

按键	显示
lg 2001 =	3.3012
lg 0.618 =	−0.2090
lg 0.0045 =	−2.3468
lg 396.5 =	2.5982

❶ 设定计算器显示的精确度为 0.000 1.

所以 lg 2 001≈3.301 2,lg 0.618≈−0.209 0,lg 0.004 5≈−2.346 8,lg 396.5≈2.598 2.

练习 2.4.1.2

A 组

1. 把下列指数式改写成对数式：
   (1) $2^3=8$；
   (2) $6^2=36$；
   (3) $2^4=16$；
   (4) $3^4=81$；
   (5) $2^{-3}=\dfrac{1}{8}$；
   (6) $4^{-3}=\dfrac{1}{64}$；
   (7) $7.6^0=1$；
   (8) $8^{-\frac{3}{4}}=\dfrac{1}{27}$；
   (9) $4^{\frac{1}{2}}=2$；
   (10) $27^{-\frac{1}{3}}=\dfrac{1}{3}$.

2. 把下列对数式改写成指数式，并检验原等式是否正确：
   (1) $\log_3 9=2$；
   (2) $\log_4 16=2$；
   (3) $\log_5 125=3$；
   (4) $\log_7 49=2$；
   (5) $\log_2 \dfrac{1}{4}=-2$；
   (6) $\log_2 \dfrac{1}{8}=-3$；
   (7) $\log_8 64=2$；
   (8) $\log_8 16=\dfrac{4}{3}$；
   (9) $\log_{\frac{1}{3}} 9=-2$；
   (10) $\log_{\frac{1}{10}} 1\,000=-3$.

3. 用对数式来表达下列各式中的 x：
   (1) $10^x=25$；
   (2) $2^x=12$；
   (3) $5^x=6$；
   (4) $4^x=\dfrac{1}{6}$.

4. 求下列各式的值：
   (1) $2^{\log_2 8}$；
   (2) $3^{\log_3 9}$；
   (3) $2^{\log_2 5}$；
   (4) $3^{\log_3 7}$.

5. 求下列各对数：
   (1) lg 10；
   (2) lg 10 000；
   (3) lg 1；
   (4) lg 10^6；
   (5) lg 10^{-5}；
   (6) lg 0.01；
   (7) lg 0.1；
   (8) lg 0.000 001.

B 组

1. 求下列各对数：
   (1) $\log_6 36$；
   (2) $\log_2 \dfrac{1}{8}$.

2. 求下列各式的值：
   (1) lg 1+lg 10+lg 100；

(2) $\lg 0.1 + \lg 0.01 + \lg 0.001$.

3. 已知 $\log_x \dfrac{1}{16} = -4$,求 x.

2.4.2 换底公式与自然对数

新知识

利用常用对数,可以求得任意一个正数的以 10 为底的对数.现在来说明,如何根据对数的性质,由以 10 为底的对数,求以其他正数 $a(a \neq 1)$ 为底的对数.

知识巩固

例 7 求 $\log_3 5$(精确到 0.001).

解 设 $\log_3 5 = x$,写成指数形式,得
$$3^x = 5.$$
两边取常用对数,得
$$\lg 3^x = \lg 5,$$
即
$$x \lg 3 = \lg 5,$$
所以
$$x = \dfrac{\lg 5}{\lg 3} \approx \dfrac{0.699\,0}{0.477\,1} \approx 1.465,❶$$
即
$$\log_3 5 \approx 1.465.$$
一般地,有下面的**换底公式**:
$$\boxed{\log_b N = \dfrac{\log_a N}{\log_a b}.}$$

❶ 计算过程中的近似数的精确度一般比结果要求的多取一位小数.

知识延伸

换底公式的证明

我们来证明换底公式.

设 $\log_b N = x$,则
$$b^x = N.$$
两边取以 $a(a>0,$ 且 $a \neq 1)$ 为底的对数,得
$$x \log_a b = \log_a N,$$
所以
$$x = \dfrac{\log_a N}{\log_a b},$$
即
$$\log_b N = \dfrac{\log_a N}{\log_a b}.$$

在科学技术中,常常使用以无理数 $e = 2.718\,28\cdots$ 为底的对数,以 e 为底的对数叫作**自然对数**. $\log_e N$ 通常记作
$$\ln N.$$

根据对数的换底公式,可得自然对数与常用对数的关系:
$$\ln N = \frac{\lg N}{\lg e} \approx \frac{\lg N}{0.434\ 3},$$
即 $$\ln N \approx 2.302\ 6\lg N.$$

实际上,用计算器可直接求自然对数.例如,求 ln 34(精确到 0.000 1),可用计算器计算如下:

按键 MODE MODE MODE 1 4

按键	显示
ln 34 =	3.5264

所以 $\ln 34 \approx 3.526\ 4$.

例 8 求 $\log_8 9 \cdot \log_{27} 32$ 的值.

解
$$\log_8 9 \cdot \log_{27} 32 = \frac{\lg 9}{\lg 8} \cdot \frac{\lg 32}{\lg 27}$$
$$= \frac{2\lg 3}{3\lg 2} \cdot \frac{5\lg 2}{3\lg 3}$$
$$= \frac{2}{3} \cdot \frac{5}{3} = \frac{10}{9}.$$

例 9 求证:$\log_x y \cdot \log_y z = \log_x z$.

证明 把 $\log_y z$ 化成以 x 为底的对数,则
$$\log_x y \cdot \log_y z = \log_x y \cdot \frac{\log_x z}{\log_x y} = \log_x z.$$

例 10 求证:$\log_{a^n} b^n = \log_a b$.

证明 $\log_{a^n} b^n = \frac{\log_a b^n}{\log_a a^n} = \frac{n\log_a b}{n\log_a a} = \log_a b.$

练习 2.4.2

A 组

1. 求下列各式的值:
   (1) $\ln e^2$;
   (2) $e^{\ln \pi}$.

2. 求下列各对数:
   (1) $\log_{0.1} 0.001$;
   (2) $\log_{27} \frac{1}{81}$;
   (3) $\log_{\frac{1}{4}} 8$;
   (4) $\log_{\frac{1}{2}} 4$.

3. 求证:$\log_a b = \frac{1}{\log_b a}$.

4. 计算:$\log_5 4 \cdot \log_8 5$.

5. 已知 $\lg 2 = 0.301\ 0$,$\lg 7 = 0.845\ 1$,求 $\lg 35$.

6. 化简:$\log_2 3 \cdot \log_{27} 125$.

7. 用 lg x, lg y, lg z 表示下列各式：

    (1) $\lg(xyz)$；

    (2) $\lg \dfrac{xy^2}{z}$；

    (3) $\lg \dfrac{xy^3}{\sqrt{z}}$；

    (4) $\lg \dfrac{\sqrt{x}}{y^2 z}$.

8. 求下列各式的值：

    (1) $\log_3(27 \times 9^2)$；

    (2) $\lg 100^2$；

    (3) $\lg 0.000\,01$；

    (4) $\ln \sqrt{e}$.

9. 求下列各式的值：

    (1) $\log_2 6 - \log_2 3$；

    (2) $\lg 5 + \lg 2$；

    (3) $\log_5 3 + \log_5 \dfrac{1}{3}$；

    (4) $\log_3 5 - \log_3 15$.

B 组

1. 计算下列各题：

    (1) $(\lg 5)^2 + \lg 2 \cdot \lg 50$；

    (2) $\log_2 \dfrac{1}{25} \cdot \log_3 \dfrac{1}{8} \cdot \log_5 \dfrac{1}{9}$.

2. 求证：$\log_{\sqrt{a}} N = 2 \log_a N$.

3. 求证：$\log_x y \cdot \log_y z \cdot \log_z x = 1$.

4. 已知 $\log_5 3 = a$，$\log_5 4 = b$，求证：$\log_{25} 12 = \dfrac{1}{2}(a+b)$.

5. 利用对数的换底公式化简下列各式：

    (1) $\log_a c \cdot \log_c a$；

    (2) $\log_2 3 \cdot \log_3 4 \cdot \log_4 5 \cdot \log_5 2$；

    (3) $(\log_4 3 + \log_8 3)(\log_3 2 + \log_9 2)$.

2.4.3 对数函数及其性质

? 问题

在 2.3.2 中曾经研究过某种生物的细胞分裂，由 1 个分裂成 2 个，2 个分裂成 4 个，…，那么，知道分裂得到的细胞个数如何求分裂次数呢？

新知识

设 1 个细胞经过 y 次分裂后得到 x 个细胞，则 x 与 y 的函数关系是 $x = 2^y$，写成对数式为 $y = \log_2 x$，此时自变量 x 位于真数位置.

一般地，形如

$$y = \log_a x$$

的函数叫作**对数函数**,其中 a 为常数($a>0$ 且 $a \neq 1$).对数函数的定义域为 $(0,+\infty)$,值域为 $(-\infty,+\infty)$.

下面,我们来研究对数函数的图像和性质.

先从研究函数 $y=\log_2 x$ 和 $y=\log_{\frac{1}{2}} x$ 开始.

请同学们完成 x、y 的对应值(见表 2-8),并用描点法画出函数 $y=\log_2 x$ 的图像(见图 2-23).

表 2-8

x	y
0.5	-1
1	0
2	1
4	
6	
8	
12	
16	

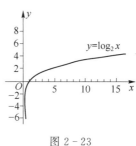

图 2-23

同样地,我们也可以通过列 x、y 的对应值表,用描点法画出函数 $y=\log_{\frac{1}{2}} x$ 的图像(见图 2-24).

利用换底公式,可以得到:$y=\log_{\frac{1}{2}} x = -\log_2 x$,又点 (x,y) 和点 $(x,-y)$ 关于 x 轴对称,所以 $y=\log_2 x$ 和 $y=\log_{\frac{1}{2}} x$ 的图像关于 x 轴对称.因此,我们还可以根据图 2-24,得到函数 $y=\log_{\frac{1}{2}} x$ 的图像(见图 2-25).

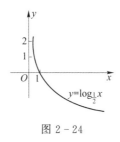

图 2-24   图 2-25

探究

选取底数为 a($a>0$,且 $a \neq 1$)的若干个不同的值,在同一平面直角坐标系内作出相应的对数函数的图像,观察图像,你能发现它们有哪些共同特征吗?

> 可以列表描点画图,也可以利用计算器或计算机画出函数图像.

一般地,对数函数 $y=\log_a x$($a>0$,且 $a \neq 1$)的图像和性质如表 2-9 所示:

表 2-9

项目	$0<a<1$	$a>1$
图像	(图像：$y=\log_a x$ $(0<a<1)$，过点 $(1,0)$，$x=1$)	(图像：$y=\log_a x$ $(a>1)$，过点 $(1,0)$，$x=1$)
定义域	\multicolumn{2}{c}{$(0,+\infty)$}
值域	\multicolumn{2}{c}{R}
性质	(1) 过定点 $(1,0)$，即 $x=1$ 时，$y=0$ (2) 在 $(0,+\infty)$ 内是减函数	(1) 过定点 $(1,0)$，即 $x=1$ 时，$y=0$ (2) 在 $(0,+\infty)$ 内是增函数

知识巩固

例 11 求下列函数的定义域：

(1) $y=\log_a x^2$； (2) $y=\log_a(4-x)$.

解 (1) 因为 $x^2>0$，即 $x\neq 0$，所以函数 $y=\log_a x^2$ 的定义域是

$$\{x\mid x\neq 0\}.$$

(2) 因为 $4-x>0$，即 $x<4$，所以函数 $y=\log_a(4-x)$ 的定义域是

$$\{x\mid x<4\}.$$

例 12 比较下列各组数中两个值的大小：

(1) $\log_2 3.4$，$\log_2 8.5$；

(2) $\log_{0.3} 1.8$，$\log_{0.3} 2.7$；

(3) $\log_a 5.1$，$\log_a 5.9$ $(a>0$，且 $a\neq 1)$.

解 (1) 因为函数 $y=\log_2 x$ 在 $(0,+\infty)$ 内是增函数，且 $3.4<8.5$，所以

$$\log_2 3.4<\log_2 8.5.$$

(2) 因为函数 $y=\log_{0.3} x$ 在 $(0,+\infty)$ 内是减函数，且 $1.8<2.7$，所以

$$\log_{0.3} 1.8>\log_{0.3} 2.7.$$

(3) 对数函数的增减性决定于对数的底数 a 是大于 1 还是小于 1，因此需要对底数 a 进行讨论.

当 $a>1$ 时，因为函数 $y=\log_a x$ 在 $(0,+\infty)$ 内是增函数，且 $5.1<5.9$，所以

$$\log_a 5.1<\log_a 5.9；$$

当 $0<a<1$ 时，因为函数 $y=\log_a x$ 在 $(0,+\infty)$ 内是减函数，且 $5.1<5.9$，所以

$$\log_a 5.1>\log_a 5.9.$$

练习 2.4.3

1. 画出函数 $y=\log_3 x$ 及 $y=\log_{\frac{1}{3}} x$ 的图像，并且说明这两个函数的相同点和不同点.

2. 求下列函数的定义域：

(1) $y=\log_5(1-x)$;

(2) $y=\dfrac{1}{\log_2 x}$;

(3) $y=\log_7 \dfrac{1}{1-3x}$;

(4) $y=\sqrt{\log_3 x}$.

3. 比较下列各题中两个值的大小：

(1) $\lg 6, \lg 8$;

(2) $\log_{0.5} 6, \log_{0.5} 4$;

(3) $\log_{\frac{2}{3}} 0.5, \log_{\frac{2}{3}} 0.6$;

(4) $\log_{1.5} 1.6, \log_{1.5} 1.4$.

习题 2.3

A 组

1. 把下列指数式写成对数式：

(1) $3^x=1$;

(2) $4^x=\dfrac{1}{6}$;

(3) $4^x=2$;

(4) $2^x=0.5$;

(5) $10^x=25$;

(6) $5^x=6$.

2. 把下列对数式写成指数式：

(1) $x=\log_5 27$;

(2) $x=\log_8 7$;

(3) $x=\log_4 3$;

(4) $x=\log_7 \dfrac{1}{3}$;

(5) $x=\lg 0.3$;

(6) $x=\ln \sqrt{3}$.

3. 计算：

(1) $\log_a 2+\log_a \dfrac{1}{2}\,(a>0,\text{且 }a\neq 1)$;

(2) $\log_3 18 - \log_3 2$;

(3) $\lg \dfrac{1}{4}-\lg 25$;

(4) $2\log_5 10+\log_5 0.25$;

(5) $2\log_5 25 - 3\log_2 64$;

(6) $\log_2(\log_2 16)$.

4. 已知 $\lg 2=a, \lg 3=b$，求下列各式的值：

(1) $\lg 6$;

(2) $\log_3 4$;

(3) $\log_2 12$;

(4) $\lg \dfrac{3}{2}$.

5. 已知 x 的对数，求 x：

(1) $\lg x=\lg a+\lg b$;

(2) $\log_a x=\log_a m-\log_a n$;

(3) $\lg x=3\lg n-\lg m$;

(4) $\log_a x=\dfrac{1}{2}\log_a b-\log_a c$.

6. 如果我国的 GDP 年平均增长率保持为 7.3%，约多少年后我国的 GDP 在 1999 年的基础上翻两番？

7. 求下列函数的定义域：

(1) $y = \sqrt[3]{\log_2 x}$；

(2) $y = \sqrt{\log_{0.5}(4x-3)}$．

8. 已知下列不等式，比较正数 m、n 的大小：

(1) $\log_3 m < \log_3 n$；

(2) $\log_{0.3} m > \log_{0.3} n$；

(3) $\log_a m < \log_a n\ (0 < a < 1)$；

(4) $\log_a m > \log_a n\ (a > 1)$．

9. 函数 $y = \log_2 x, y = \log_5 x, y = \lg x$ 的图像如图所示．

(1) 试说明哪个函数对应于哪个图像，并解释为什么．

(2) 以已有图像为基础，在同一坐标系中画出 $y = \log_{\frac{1}{2}} x$，$y = \log_{\frac{1}{5}} x, y = \log_{\frac{1}{10}} x$ 的图像．

(3) 从(2)的图中你发现了什么？

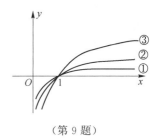

(第9题)

10. (1) 利用换底公式求下式的值：

$\log_2 25 \cdot \log_3 4 \cdot \log_5 9$．

(2) 利用换底公式证明：

$\log_a b \cdot \log_b c \cdot \log_c a = 1$．

B 组

1. 若 $x \log_3 4 = 1$，求 $4^x + 4^{-x}$ 的值．

2. 若 $\log_a \dfrac{3}{4} < 1\ (a > 0，且 a \neq 1)$，求实数 a 的取值范围．

3. 已知函数 $f(x) = \log_a(x+1), g(x) = \log_a(1-x)\ (a > 0，且 a \neq 1)$．

(1) 求函数 $f(x) + g(x)$ 的定义域；

(2) 判断函数 $f(x) + g(x)$ 的奇偶性．

复习与提问

学完本章后，通过复习与回顾，你应当能够回答下列问题：

1. 分数指数幂 $a^{\frac{m}{n}}$ 的意义是什么？

2. 实数指数幂有哪些运算法则？

3. 什么是指数函数？指数函数有哪些主要性质？

4. 画出指数函数 $y = 2^x$ 和 $y = \left(\dfrac{1}{2}\right)^x$ 的图像，并指出指数函数 $y = a^x\ (a > 0, a \neq 1)$ 的图像有哪些特性？

5. 什么是对数？指数与对数的关系是什么？

6. 什么是对数函数？它与指数函数的关系是什么？

7. 对数函数有哪些主要性质？

8. 画出函数 $y = \log_2 x$ 和 $y = \log_{\frac{1}{2}} x$ 的图像，并指出对数函数 $y = \log_a x\ (a > 0, a \neq 1)$ 的图像有哪些性质．

9. 对数运算有哪些运算法则？

10. 什么是换底公式？

11. 什么是常用对数和自然对数？

12. 写出 $y=a^x(a>0,a\neq1)$，$y=\log_a x(a>0,a\neq1)$ 的定义域和值域，它们之间有什么关系？a 取何值时它们同为增函数？a 取何值时它们同为减函数？

对数的功绩

对数是表达成 $b=\log_a m$ 形式的实数，其中 b、a、m 的关系是 $m=a^b$。对数具有一种奇妙的性质：可以把高一级的乘、除、乘方、开方运算转化为低一级的加、减、乘、除运算。进行大量的计算时，对数的这种功能可使计算的效率成倍地提高。比如计算 2^{64}，若用 64 个 2 连乘，其繁难与费时可以想象，如果利用 $\lg 2^{64}=64\cdot\lg 2=64\times0.301\,0$，求出对数值，再查反对数表就可求出 2^{64} 的近似值，从而可以体会到对数在数值计算上的优越性。

对数是这样出现的：

早在公元前 200 多年，阿基米德就注意到 1、10、10^2、10^3、10^4、$\cdots$ 与 0、1、2、3、4、$\cdots$ 之间的对应关系，这是关于对数的原始思想。17 世纪初，商业、工业的兴起促进了天文学、力学等学科的发展，在航海、天文观测、透镜设计和抛物体运动等实际工作中，出现了大量极繁杂的计算，耗去了工作人员的大量时间。提高计算效率成了当务之急，苏格兰的纳皮尔（J. Napier，1550—1617 年）在 1594 年产生了把乘、除计算归结为加减运算的想法，经过研究他发现了对数，揭示了对数的理论，并认识到对数的广泛应用在于提供对数表。以后 20 年间，他埋头于对数的计算，于 1614 年造出了以 $\dfrac{1}{e}$ 为底的八位对数表。与此同时，瑞士人彪奇（1552—1632 年）也做了类似工作。1615 年英国人布里格斯（1561—1632 年）着手造以 10 为底的常用对数表。尽毕生努力，他拿出了分段的十四位常用对数表，余下的一大段常用对数表是由荷兰人佛朗哥（1600—1667 年）在 1628 年完成的。

造对数表有如此之难吗？是的，当时只能使用初等数学的方法，一个人进行笔算，仅求 5 的对数就需完成 22 次开方运算，要拿出完整的对数表，其难度之大是可想而知的。后来有了高等数学，利用级数理论中的公式 $\ln(1+x)=x-\dfrac{x^2}{3}+\dfrac{x^3}{3}-\dfrac{x^4}{3}+\dfrac{x^5}{3}-\dfrac{x^6}{3}+\cdots(-1<x\leqslant1)$，求对数值就容易多了。

300 年来，世界科技界一直把对数作为不可缺少的工具，它把科学家们从繁杂的计算里解放出来，等于延长了科学家的生命。对数为人类劳动生产率的提高作出了巨大贡献。

现在科学技术又发展到一个新的阶段，随着计算机科学的快速发展，计算机功能越来越强大。求一个数的对数，进行一些繁难的计算，简单到只要按几下计算器上的按键就可以了，如求 2^{64} 的值，在计算器上顺序按键

$\boxed{AC^{/ON}}\ 2\ \boxed{x^y}\ 64\ \boxed{=}$

显示屏上就可给出答案 $1.844\,674\,407\times10^{19}$.

2.5 幂函数

新知识

我们已经学过函数 $y=x$，$y=x^2$，$y=\dfrac{1}{x}$，这些函数均以幂的底为自变量，指数为常数. 一般地，形如
$$y=x^\alpha\,(\alpha\in\mathbf{R})$$
的函数叫作**幂函数**. 下面我们举例学习这类函数的一些性质.

> 结合课件 403 学习幂函数.

知识巩固

例1 写出下列函数的定义域：

(1) $y=x^3$；　　　　　(2) $y=x^{\frac{1}{2}}$；

(3) $y=x^{-2}$；　　　　(4) $y=x^{-\frac{3}{2}}$.

解 (1) 函数 $y=x^3$ 的定义域为 $\mathbf{R}$；

(2) 函数 $y=x^{\frac{1}{2}}$，即 $y=\sqrt{x}$，定义域为 $[0,+\infty)$；

(3) 函数 $y=x^{-2}$，即 $y=\dfrac{1}{x^2}$，定义域为
$$(-\infty,0)\cup(0,+\infty);$$

(4) 函数 $y=x^{-\frac{3}{2}}$，即 $y=\dfrac{1}{\sqrt{x^3}}$，定义域为 $(0,+\infty)$.

例2 作出下列函数的图像：

(1) $y=x$；　　　　　(2) $y=x^{\frac{1}{2}}$；

(3) $y=x^2$；　　　　(4) $y=x^{-1}$.

解 列出各函数的对应值表：

x	…	-3	-2	-1	0	1	2	3	…
$y=x$	…	-3	-2	-1	0	1	2	3	…
$y=x^{\frac{1}{2}}$	…	/	/	/	0	1	1.41	1.73	…
$y=x^2$	…	9	4	1	0	1	4	9	…
$y=x^{-1}$	…	$-\dfrac{1}{3}$	$-\dfrac{1}{2}$	-1	/	1	$\dfrac{1}{2}$	$\dfrac{1}{3}$	…

它们的图像如图 2-26 所示.

从上例我们可以看到,幂函数随着 α 的取值不同,它们的性质和图像也不尽相同,但也有一些共性,例如,所有的幂函数都通过点 (1,1) 等.

幂函数的性质:

由图 2-26 可以看到,随着指数 α 的不同幂函数 $y=x^{\alpha}$ 的定义域、单调性和奇偶性会发生变化. 当 α>0 时,函数的图像经过点 (0,0) 与点 (1,1),在第一象限内是增函数. 当 α<0 时,函数的图像不经过 (0,0),但经过 (1,1),在第一象限内是减函数.

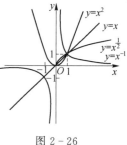

图 2-26

练习 2.5

A 组

1. 求下列函数的定义域:

    (1) $y=x^{\frac{3}{2}}$;　　　　　(2) $y=x^{-\frac{4}{5}}$;

    (3) $y=x^{\frac{1}{3}}$;　　　　　(4) $y=x^{-\frac{5}{4}}$.

2. 比较下列各组数值的大小:

    (1) $5.23^{\frac{1}{2}}$,$5.24^{\frac{1}{2}}$;　　　(2) 0.26^{-1},0.27^{-1}.

B 组

1. 使用计算软件画出函数 $y=x^{\frac{2}{3}}$ 的图像,并指出其奇偶性、单调性.
2. 画出函数 $y=x^3$ 和 $y=\sqrt[3]{x}$ 的图像,试问这两个函数各有什么性质?这两个函数及它们的图像有什么关系?
3. 用描点法作出幂函数 $y=x^3$ 的图像,并指出图像具有怎样的对称性.
4. 用描点法作出幂函数 $y=x^4$ 的图像,并指出图像具有怎样的对称性.

2.6　函数的实际应用

2.6.1　分段函数及二次函数的应用

在日常生活和科学技术中,经常会遇到一类函数,在自变量的不同取值范围内,函数有不同的解析式. 下面我们通过实际问题来认识这类函数.

知识巩固

例 1　我国是一个缺水的国家,很多城市的生活用水远远低于世界的平均水平. 为了加强公民的节水意识,某城市制定了每户每月用水收费(含用水费和污水处理费)标准(见表 2-10):

表 2-10

水费种类	用水量不超过 10 m³ 的部分	用水量超过 10 m³ 的部分
用水费/(元·m⁻³)	1.30	2.00
污水处理费(元·m⁻³)	0.30	0.80

试写出每户每月用水量 $x(\text{m}^3)$ 与应交水费 $y(元)$ 之间的函数解析式.

分析 由表 2-10 中看出,用水量不超过 10 m³ 的部分和用水量超过 10 m³ 的部分的计费标准是不相同的.因此,需要分别在两个范围内研究.

解 分别研究在两个范围内的计费标准,列出表格(见表 2-11):

表 2-11

x/m^3	$0<x\leqslant 10$	$x>10$
$y/元$	$y=(1.3+0.3)x$	$y=1.6\times 10+(2.0+0.8)\cdot(x-10)$

综合以上两种情况,将函数写作

$$f(x)=\begin{cases}1.6x, & 0<x\leqslant 10,\\ 2.8x-12, & x>10.\end{cases}$$

新知识

这个函数在自变量的不同取值范围内,需要用不同的解析式来表示,我们把这种函数叫作**分段函数**.

分段函数的定义域是自变量的各个不同取值范围的并集,如例 1 中函数的定义域为

$$(0,10]\cup(10,+\infty)=(0,+\infty).$$

求函数值 $f(x_0)$ 时,首先应该判断 x_0 所属的取值范围,然后把 x_0 代入相应的式子中进行计算,例如,例 1 中求某户月用水 8 m³ 应交的水费 $f(8)$ 时,因为 $0<8<10$,所以利用 $f(x)=1.6x$ 计算,得

$$f(8)=1.6\times 8=12.8(元).$$

作分段函数的图像时,要在同一个坐标系中,分别在自变量的各个不同取值范围内,根据相应的式子作出相应部分的图像.

小资料
据水文地理学家的估算,地球上的水资源总量约为 1.380×10^9 km³,其中 97.5% 是海水.淡水只占 2.5%,其中绝大部分为极地冰雪冰川和地下水,适宜人类享用的仅为 0.01%.目前世界上许多国家正面临水资源危机.12 亿人用水短缺,30 亿人缺乏用水卫生设施.

注意
分段函数是一个函数,只不过需要分段表示.

知识巩固

例 2 某考生计划步行前往考场,出发后 0.5 h 走了 2 km,估计步行不能准时到达,于是他改乘出租车,又经过 0.25 h 提前赶到了考场,设出租车的平均速度为 30 km/h.

(1) 写出考生经过的路程 s 与时间 t 的函数关系;

(2) 作出函数图像;

(3) 求考生出行 0.6 h 时所经过的路程.

解 (1) 考生步行的速度为

$$v = \frac{2}{0.5} = 4 (\text{km/h}),$$

故步行时的路程为

$$s = 4t.$$

改乘出租车后为

$$s = 2 + 30(t - 0.5) = 30t - 13.$$

故考生经过的路程 s 与时间 t 的函数关系为

$$s = \begin{cases} 4t, & 0 \leqslant t < 0.5, \\ 30t - 13, & 0.5 \leqslant t \leqslant 0.75. \end{cases}$$

(2) 在同一个直角坐标系中,作出函数 $s = 4t\ (x \in [0, 0.5])$ 与函数 $s = 30t - 13\ (x \in [0.5, 0.75])$ 的图像(见图 2-27).

(3) 由于 $0.6 \in [0.5, 0.75]$,故考生出行 $0.6\ \text{h}$ 所经过的路程为

$$s = 30 \times 0.6 - 13 = 5 (\text{km}).$$

例 3 某人计划靠墙围一块矩形养鸡场(见图 2-28),他已备足了可以围 $10\ \text{m}$ 长的竹篱笆,问:矩形的长和宽各是多少时场地的面积最大?最大面积是多少?

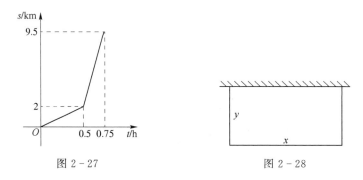

图 2-27   图 2-28

解 设矩形场地的长为 $x\ \text{m}\ (0 < x < 10)$,宽为 $y\ \text{m}$,则由题意知 $x + 2y = 10$,即 $y = \frac{1}{2}(10 - x)$. 于是,场地的面积为

$$S = x \cdot y = x \cdot \frac{1}{2}(10 - x)$$
$$= -\frac{1}{2}x^2 + 5x = -\frac{1}{2}(x^2 - 10x + 25) + \frac{25}{2}$$
$$= -\frac{1}{2}(x - 5)^2 + \frac{25}{2}.$$

故当 $x = 5\ \text{m}$ 时,场地面积最大,为 $12.5\ \text{m}^2$. 此时宽为

$$y = \frac{1}{2}(10 - 5) = 2.5 (\text{m}).$$

所以当矩形场地的长为 $5\ \text{m}$、宽为 $2.5\ \text{m}$ 时,面积最大,最大面积为 $12.5\ \text{m}^2$.

练习 2.6.1

1. 设函数 $f(x) = \begin{cases} 2x + 1, & -2 < x \leqslant 0, \\ -2, & 0 < x < 3. \end{cases}$

(1) 求函数的定义域；

(2) 求 $f(2)$、$f(0)$、$f(-1)$ 的值.

2. 我国国内平信邮资标准是：投寄外埠平信，每封信的质量不超过 20 g，付邮资 1.20 元，质量超过 20 g 后，每增加 20 g（不足 20 g 按照 20 g 计算）增加 1.20 元.试建立每封平信应付的邮资 y（元）与信的质量 x（g）之间的函数关系（设 $0<x<60$），并作出函数图像.

3. 用长 2 m 的铁丝围成一个矩形，问：长、宽各为多少时，所求的矩形面积最大？最大值是多少？

4. 有一种礼花的升空高度 h(m) 与飞行时间 t(s) 的关系式是 $h=-\frac{5}{2}t^2+20t+1$，若这种礼花在点火升空到最高点时引爆，求从点火升空到引爆所需要的时间及礼花上升的高度.

2.6.2 指数函数应用

指数函数在自然科学和经济生活中有着广泛的应用，下面通过几个实际问题进行介绍.

知识巩固

例 4 某市 2013 年国内生产总值为 20 亿元，计划在未来 10 年内，平均每年按 8% 的增长率增长，分别预测该市 2018 年与 2023 年的国内生产总值（精确到 0.01 亿元）.

分析 国内生产总值每年按 8% 增长是指后一年的国内生产总值是前一年的 $(1+8\%)$ 倍.

解 设在 2013 年后的第 x 年该市国内生产总值为 y 亿元，则

第 1 年，$y=20\times(1+8\%)=20\times 1.08$.

第 2 年，$y=20\times 1.08\times(1+8\%)=20\times 1.08^2$，

第 3 年，$y=20\times 1.08^2\times(1+8\%)=20\times 1.08^3$，

……

由此得到，第 x 年该市国内生产总值为
$$y=20\times 1.08^x\ (x\in \mathbf{N} \text{ 且 } 1\leqslant x<10).$$

当 $x=5$ 时，得到 2018 年该市国内生产总值为
$$y=20\times 1.08^5\approx 29.39(\text{亿元}).$$

当 $x=10$ 时，得到 2023 年该市国内生产总值为
$$y=20\times 1.08^{10}\approx 43.18(\text{亿元}).$$

答 该市 2018 年和 2023 年的国内生产总值分别约为 29.39 亿元和 43.18 亿元.

例 5 设磷－32 经过一天的衰变，其残留量为原来的 95.27%.现有 10 g 磷－32，设每天的衰变速度不变，经过 14 天衰变还剩下多少克（精确到 0.01 g）？

分析 残留量为原来的 95.27% 的意思是，如果原来的磷－32 为 a g，经过一天的衰变后，残留量为 $a\times 95.27\%$ g.

> **小资料**
> **国内生产总值**
> 国内生产总值（简称 GDP）是一个国家（地区）领土面积内的经济情况的度量.它被定义为所有在一个国家（地区）内、一段特定时间（一般为一年）里生产的所有产品和提供的服务的总值.

解 设 10 g 磷—32 经过 x 天衰变,残留量为 $y(g)$.依题意可以得到经过 x 天衰变,残留量为
$$y = 10 \times 0.9527^x.$$
故经过 14 天衰变,残留量为
$$y = 10 \times 0.9527^{14} \approx 5.07(g).$$
答 经过 14 天衰变,10 g 磷—32 还剩下约 5.07 g.

新知识

上面两道例题中的函数解析式都可以写成
$$y = ca^x$$
的形式,式中 $c > 0$ 为常数,底 $a > 0$ 且 $a \neq 1$.函数模型 $y = ca^x$ 叫作**指数模型**.当 $a > 1$ 时,叫作**指数增长模型**;当 $0 < a < 1$ 时,叫作**指数衰减模型**.

知识巩固

例 6 服用某种感冒药,每次服用的药物含量为 a,随着时间 t 的变化,体内的药物含量为 $f(t) = 0.57^t a$(其中 t 以小时为单位).问服药 4 h 后,体内药物的含量为多少?8 h 后,体内药物的含量为多少?

分析 该问题为指数衰减模型,分别求 $t = 4$ 与 $t = 8$ 的函数值.

解 因为 $f(t) = 0.57^t a$,利用计算器容易算得
$$f(4) = 0.57^4 a \approx 0.11a,$$
$$f(8) = 0.57^8 a \approx 0.01a.$$

答 服药 4 h 后,体内药物的含量为 $0.11a$;服药 8 h 后,体内药物的含量为 $0.01a$.

> **小提示**
> 由例 6 可以看到,生病后要按时服药.如果要求 4 h 服药一次,那么若漏服一次则体内药物仅剩 1%,对疾病的治疗是非常不利的.

练习 2.6.2

1. 某企业原来每月消耗某种试剂 1 000 kg,现进行技术革新,陆续使用价格较低的另一种材料替代该试剂,使该试剂的消耗量以平均每月 10% 的速度减少,试建立试剂消耗量 y 与所经过的月份数 x 之间的函数关系,并求出 4 个月后,该种试剂的月消耗量(精确到 0.1 kg).

2. 某省 2008 年粮食总产量为 150 亿 kg.如果按每年平均 5.2% 的速度增长,求该省 5 年后的年粮食总产量(精确到 0.01 亿 kg).

3. 一台价值 100 万元的新机床,按每年 8% 的折旧率折旧,问:20 年后这台机床还值几万元(精确到 0.01 万元)?

2.6.3 对数函数应用举例

对数函数在自然科学和经济生活中有着广泛的应用,下面通过几个实际问题来进行介绍.

知识巩固

例7 现有一种放射性物质,经过衰变,一年后残留量为原来的 84%,设每年的衰变速度不变,问:该物质衰变多少年后的残留量为原来的 50%(结果保留整数)?

解 设该物质最初的质量为 1,衰变 x 年后,该物质的残留量为原来的 50%,则

$$0.84^x = \frac{1}{2},$$

于是

$$x = \log_{0.84} \frac{1}{2} \approx 4 \text{(年)}.$$

答 约经过 4 年后,物质的残留量为原来的 50%.

例8 碳-14 的半衰期为 5 730 年,古董市场有一幅达·芬奇(1452—1519 年)的绘画,测得其碳-14 的含量为原来的 94.1%,根据这个信息,请你从时间上判断这幅画是不是赝品.

解 设这幅画的年龄为 x,画中原来碳-14 含量为 a,根据题意有

$$0.941a = a\left(\frac{1}{2}\right)^{\frac{x}{5\,730}},$$

消去 a 后,两边取常用对数,得 $\lg 0.941 = \frac{x}{5\,730} \lg 0.5$,

解得

$$x = 5\,730 \times \frac{\lg 0.941}{\lg 0.5} \approx 503.$$

因为 $2\,009 - 503 - 1\,452 = 54$,这幅画约在达·芬奇 54 岁时完成,所以从时间上看不是赝品.

练习 2.6.3

某钢铁公司的年产量为 a 万吨,计划每年比上一年增产 10%,问:多少年后产量翻一番(保留 2 位有效数字)?

复习题二

A 组

1. 选择题:

(1) 下列运算中,正确的是( ).

  A. $2^{\frac{3}{4}} \cdot 2^{\frac{4}{3}} = 2$ B. $2^{\frac{3}{4}} \div 2^{\frac{3}{4}} = 2$

  C. $(2^{\frac{3}{4}})^{\frac{4}{3}} = 2$ D. $2^{-\frac{3}{4}} \cdot 2^{\frac{3}{4}} = 0$

(2) 已知 $a > 0$ 且 $a \neq 1$,下列式子中,错误的是( ).

  A. $\sqrt[3]{a^2} = a^{\frac{3}{2}}$ B. $\log_a a^2 = 2$

小资料

大气中的碳-14 能跟氧原子结合成二氧化碳,生物存活期间,不断从大气中获取这种放射性碳,死后就停止吸收,存留体内的放射性碳也不断减少,并且每年的衰变速度不变,大约经过 5 730 年,它的含量可衰减一半,因此,物理学家将 5 730 年称为碳-14 的"半衰期".

只要用仪器测出文物中现有的碳-14 含量,再与它原始的碳-14 水平相比,就能进行文物的年代鉴定.

C. $a^{-\frac{3}{5}} = \dfrac{1}{\sqrt[5]{a^3}}$ D. $a^{x-y} = \dfrac{1}{a^{y-x}}$

(3) 下列各指数函数中,在区间$(-\infty,+\infty)$内为减函数的是(   ).

    A. $y = 3^x$ B. $y = \left(\dfrac{\pi}{4}\right)^x$

    C. $y = 10^x$ D. $y = 5^x$

(4) 已知 $y = a^x (a>0$ 且 $a \neq 1)$ 的图像经过定点 P,则点 P 的坐标可能是(   ).

    A. $(0,1)$ B. $(1,0)$ C. $(1,1)$ D. $(0,0)$

(5) 下列各函数中,为指数函数的是(   ).

    A. $y = x^{\frac{3}{2}}$ B. $y = \log_3 x$ C. $y = 2^x$ D. $y = x$

(6) "y 是以 a 为底的 x 的对数",记作(   ).

    A. $y = \log_a x$ B. $x = \log_a y$

    C. $x = \log_y a$ D. $y = \log_x a$

(7) 设 $x>0, y>0$,下列各式中正确的是(   ).

    A. $\ln(x+y) = \ln x + \ln y$ B. $\ln(xy) = \ln x \ln y$

    C. $\ln(xy) = \ln x + \ln y$ D. $\ln \dfrac{x}{y} = \dfrac{\ln x}{\ln y}$

(8) 下列各函数中,在区间$(0,+\infty)$内为增函数的是(   ).

    A. $y = x^{-2}$ B. $y = \log_2 x$

    C. $y = 2^{-x}$ D. $y = \left(\dfrac{2}{3}\right)^x$

2. 填空题:

(1) $4^{-1} \times (2-\sqrt{2})^0 + 9^{\frac{1}{2}} \times 2^{-2} + \left(\dfrac{1}{2}\right)^{-\frac{1}{2}} - \sqrt{2} = $ _____.

(2) 化简 $2x^{-\frac{1}{3}}\left(\dfrac{1}{2}x^{\frac{1}{3}} - 2x^{-\frac{2}{3}}\right) = $ _____.

(3) $\dfrac{3.4^5 + 1.68^{-2}}{2.3^4 \times 1.9^{-3}} = $ _____(精确到 0.001).

(4) 已知 $5^x = 7$,则 $x = $ _____(精确到 0.01).

(5) 指数式 $27^{-\frac{1}{3}} = \dfrac{1}{3}$ 写成对数式为 _____.

(6) 函数 $y = \lg(x-1)$ 的定义域为 _____.

3. 设指数函数 $f(x) = a^x$ 经过点 $(2,9)$,求 $f(-1)$.

4. 作出下列各函数的图像:

    (1) $y = 3^x$;   (2) $y = 3^{-x}$;   (3) $y = \log_3 x$.

5. 2005 年某地区的人均 GDP 约为 900 万美元,如果按 8% 的年平均增长率增长,则到 2015 年该地区人均 GDP 比 2005 年增长了多少(精确到 0.01)?

6. 某化工厂生产一种化工产品,去年生产成本为 50 元/桶,现进行了技术革新,运用了新技术与新工艺,使生产成本平均每年降低 12%,问:几年后每桶生产成本为 30 元?

7. 2000 年世界人口为 60 亿人,目前世界人口增长率约为 1.84%,如果这种趋势保持不变,那么哪一年世界人口将达到 120 亿人?

B 组

1. 求下列函数的定义域:

   (1) $y=\dfrac{1}{1-\log_2 x}$;

   (2) $y=\sqrt{3^x-27}$.

2. 光线通过一块玻璃板,其强度将失掉 10%,现将 6 块玻璃板叠加制成玻璃墙.求:光线通过该玻璃墙后的强度为通过一块玻璃板后强度的百分率(精确到 0.1)?

小 结

一、本章知识结构

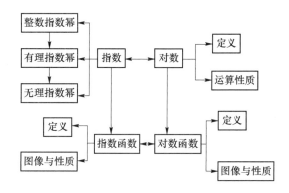

二、回顾与思考

1. 函数是描述客观世界变化规律的重要数学模型,不同的变化规律需要用不同的函数模型描述.本章学习的三种不同类型的函数模型,刻画了客观世界中三类因具有不同变化规律,而具有不同对应关系的变化现象.

2. 指数、对数的概念都有现实背景,你能自己举出一些实际例子吗?

   我们从正整数指数幂出发,经过推广得到了有理指数幂,又由"有理数逼近无理数"的思想,认识了实数指数幂.这个过程体现了数学概念推广的基本思想.你认为自己在这个过程中学到了什么?

3. 有理指数幂、实数指数幂的运算性质是从正整数指数幂推广得到的.从对数与指数的相互联系出发,根据指数幂的运算性质,我们推出了对数运算性质.你能自己独立推导对数运算性质吗?

4. 指数函数 $y=a^x(a>0$,且 $a\ne 1)$ 是描述客观世界中许多事物发展变化的一类重要的函数模型,这也是我们在高中阶段学习的第一个具体函数.你能回忆一下我们讨论指数函数的概念及其性质的过程吗?从中你能体会到研究一个函数所用的思想方法吗?类似地,你能回忆一下对数函数的讨论过程吗?你认为指数函数、对数函数的性质有哪些作用?

第三部分

不 等 式

- ◆3.1 不等式的基本性质
- ◆3.2 不等式的解法
- ◆3.3 含有绝对值的不等式
- ◆3.4 不等式的应用

王华的父亲购买了一部移动电话,他想在"全球通"和"神州行"两种服务方式中选择一种,假设只考虑本地通话的费用,两种方式的资费标准见下表:

项目	全球通	神州行
月租费/(元·月$^{-1}$)	50	0
本地通话费/(元·min^{-1})	0.4	0.6

王华的父亲每月使用移动电话的本地通话时间平均大约是 150 min. 那么,他选择哪种服务方式较为经济呢?他请王华来帮忙算一算.

王华通过计算发现:

全球通方式的费用为 $50+0.4\times150=110$(元);

神州行方式的费用为 $0.6\times150=90$(元).

全球通方式的费用>神州行方式的费用,所以选择神州行更为经济一些,这就是一个生活中比较大小的不等式的例子.

我们考察事物,经常要进行大小、轻重、长短的比较. 在数学中,我们应用等式和不等式知识研究这类问题,不等式是进一步学习数学和其他科学的基础,我们在这里主要学习不等式的基本性质及其解法.

第三部分 不等式

3.1 不等式的基本性质

3.1.1 实数的大小

知识回顾

我们知道,实数与数轴上的点之间可以建立一一对应关系(见图 3-1).例如,点 A 与数 3 对应,点 B 与数 -2 对应等.可以看到当数轴上一动点 P 从左向右移动时,它对应的实数就从小到大变化.这就是说,**数轴上的任意两点中,右边的点对应的实数比左边的点对应的实数大**.

> **问题**
> 如何比较实数的大小?

图 3-1

例如,点 A 位于点 B 的右边,则点 A 对应的实数 3 比点 B 对应的实数 -2 大,即 $3>-2$.同样有

$$3>-3, 0>-2, 3>0, -3>-4, 4>3 \text{ 等.}$$

新知识

设 a、b 为任意两个实数,在数轴上用点 A 表示 a,用点 B 表示 b,则点 A、B 在数轴上的位置有且只有以下三种:

(1) 点 A 在点 B 右侧(见图 3-2(1));
(2) 点 A 与点 B 重合(见图 3-2(2));
(3) 点 A 在点 B 左侧(见图 3-2(3)).

相应地,实数 a、b 的关系为:

(1) $a>b$;(2) $a=b$;(3) $a<b$.

上面三个式子的另一表达方法是:

$$a-b>0 \Leftrightarrow a>b;$$
$$a-b=0 \Leftrightarrow a=b;$$
$$a-b<0 \Leftrightarrow a<b.$$

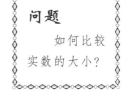

图 3-2

> **思考与讨论**
> ①
> ②
> ③
> 怎样根据式①、式②、式③比较两个实数的大小?

含有不等号($<$, $>$, $\leqslant$, $\geqslant$, $\neq$)的式子,叫作**不等式**.

知识巩固

例 1 比较下列各组中两个实数的大小:

(1) $-3, -4$; (2) $\dfrac{6}{7}, \dfrac{5}{6}$;

(3) $-\dfrac{7}{11}, -\dfrac{10}{17}$; (4) $12.3, 12\dfrac{1}{3}$.

解 (1) 因为 $(-3)-(-4)=-3+4=1>0$,

所以 $-3>-4$;

(2) 因为 $\dfrac{6}{7}-\dfrac{5}{6}=\dfrac{36-35}{42}=\dfrac{1}{42}>0$,

所以 $\dfrac{6}{7}>\dfrac{5}{6}$;

(3) 因为 $-\dfrac{7}{11}-\left(-\dfrac{10}{17}\right)=-\dfrac{7}{11}+\dfrac{10}{17}$

$=\dfrac{-119+110}{187}$

$=-\dfrac{9}{187}<0$,

所以 $-\dfrac{7}{11}<-\dfrac{10}{17}$;

(4) 因为 $12.3-12\dfrac{1}{3}=12\dfrac{3}{10}-12\dfrac{1}{3}$

$=\dfrac{3}{10}-\dfrac{1}{3}$

$=-\dfrac{1}{30}<0$,

所以 $12.3<12\dfrac{1}{3}$.

例 2 对任意实数 x,比较 $(x+1)(x+2)$ 与 $(x-3)(x+6)$ 的大小❶.

解 因为 $(x+1)(x+2)-(x-3)(x+6)$

$=x^2+2x+x+2-(x^2+6x-3x-18)$

$=x^2+3x+2-x^2-3x+18$

$=20>0$,

所以 $(x+1)(x+2)>(x-3)(x+6)$.

❶ 比较两个式子的大小,就是比较两个式子的值的大小.

例 3 已知 $x\neq 0$,比较 $(x^2+1)^2$ 与 x^4+x^2+1 的大小.

解 $(x^2+1)^2-(x^4+x^2+1)$

$=x^4+2x^2+1-x^4-x^2-1$

$=x^2$.

由 $x\neq 0$,得 $x^2>0$,从而

$(x^2+1)^2>x^4+x^2+1$.

[想一想:在例 3 中,如果没有 $x\neq 0$ 这个条件,两式的大小关系如何?]

练习 3.1.1

1. 比较下列每组中两个实数的大小:

(1) $0,-2$; (2) $\dfrac{3}{7},\dfrac{1}{4}$;

(3) $-\dfrac{7}{6},-\dfrac{9}{8}$; (4) $0.3,\dfrac{1}{3}$.

2. 比较 $(x+5)(x+7)$ 与 $(x+6)^2$ 的大小.

3. 如果 $x>0$,比较 $(\sqrt{x}-1)^2$ 与 $(\sqrt{x}+1)^2$ 的大小.

4. 把下列实数按从大到小的顺序排列起来：

$$-2,1,3,0,-5,-7,-\frac{1}{3},\sqrt{6},13,\sqrt{144}.$$

5. 比较 $(a+3)(a-5)$ 与 $(a+2)(a-4)$ 的大小.

3.1.2 不等式的基本性质

实例

测量三个人的身高,如果小李比小王高,小王比小张高,那么肯定能够得到"小李比小张高"的结论.

新知识

从实数大小的基本性质出发,可以证明下列不等式的重要性质.

(一) **性质 1(传递性)** 如果 $a>b,b>c$,则 $a>c$.

分析 要证 $a>c$,只要证 $a-c>0$.

证明 因为 $a-c=(a-b)+(b-c)$,

又 $a>b,b>c$,即 $a-b>0,b-c>0$,

所以 $(a-b)+(b-c)>0$.

因此 $a-c>0$.

即 $a>c$.

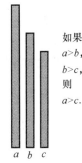

如果 $a>b$, $b>c$, 则 $a>c$.

性质 1 通常叫作**不等式的传递性**.

(二) **性质 2(加法法则)** 如果 $a>b$,则 $a+c>b+c$.

证明 因为 $(a+c)-(b+c)=a-b$,

又 $a>b$,即 $a-b>0$,

所以 $a+c>b+c$.

性质 2 表明:不等式的两边同时加上(或同时减去)同一个实数,不等号的方向不变.

(三) **性质 3(乘法法则)** 如果 $a>b,c>0$,则 $ac>bc$;如果 $a>b,c<0$,则 $ac<bc$.

证明 因为 $ac-bc=(a-b)c$,

又 $a>b$,即 $a-b>0$,

所以 当 $c>0$ 时,$(a-b)c>0$,即 $ac>bc$;

当 $c<0$ 时,$(a-b)c<0$,即 $ac<bc$.

性质 3 表明:如果不等式两边都乘同一个正数,则不等号的方向不变;如果都乘同一个负数,则不等号的方向改变.

上述证明性质 2 和性质 3 的方法,通常叫作**作差比较法**.

> **思考与讨论**
>
> 把不等式性质 1、2、3 中的大于号改为小于号,性质是否成立?说明你的结论.

1. 推论 1 如果 $a+b>c$,则 $a>c-b$.

证明 因为 $a+b>c$,

所以 $a+b+(-b)>c+(-b)$. (加法法则)

即 $a > c - b$.

这就告诉我们:**不等式中任何一项,变号后可以从一边移到另一边**.

知识延伸

2. 推论2 如果 $a > b$,且 $c > d$,则 $a + c > b + d$.

证明 因为 $a > b$,

所以 $a + c > b + c$. (加法法则)

因为 $c > d$,

所以 $b + c > b + d$.

因此 $a + c > b + d$. (传递性)

这又告诉我们:**两个或几个同向不等式,两边分别相加,所得的不等式与原不等式同方向**.

3. 推论3 如果 $a > b > 0$,且 $c > d > 0$,则 $ac > bd$.

证明 因为 $a > b$,且 $c > 0$,

所以 $ac > bc$. (乘法法则)

因为 $c > d$,且 $b > 0$,

所以 $bc > bd$.

因此 $ac > bd$. (传递性)

这就告诉我们:**两个或几个两边都是正数的同向不等式,把它们的两边分别相乘,所得的不等式与原不等式同向**.

知识巩固

例4 用符号">"或"<"填空,并说出应用了不等式的哪条性质.

(1) 设 $a > b$, $a - 3$ ____ $b - 3$;

(2) 设 $a > b$, $6a$ ____ $6b$;

(3) 设 $a < b$, $-4a$ ____ $-4b$;

(4) 设 $a < b$, $5 - 2a$ ____ $5 - 2b$.

解 (1) $a - 3 > b - 3$,应用不等式性质2;

(2) $6a > 6b$,应用不等式性质3;

(3) $-4a > -4b$,应用不等式性质3;

(4) $5 - 2a > 5 - 2b$,应用不等式性质2与性质3.

例5 已知 $a > b > 0$, $c > d > 0$,求证 $ac > bd$.

证明 因为 $a > b$, $c > 0$,由不等式的性质3知
$$ac > bc.$$
同理,由于 $c > d$, $b > 0$,故
$$bc > bd.$$
因此,由不等式的性质1知
$$ac > bd.$$

> **想一想**
> 能否利用求差的方法来证明例5中的结论?

例6 服装市场按每套90元的价格购进40套童装,应缴纳的税费为销售额的10%,要获得不低于900元的纯利润,每套童装的售价至少是多少?

解 设每套童装的售价至少是 x 元,则
$$40(x-90)-40 \cdot x \cdot 10\% \geq 900,$$
解得
$$x \geq 125.$$
答 每套童装的售价至少是 125 元.

练习 3.1.2

A 组

1. 用符号">"或"<"填空:
   (1) $x+6$ ____ $x+2$;
   (2) $a+5$ ____ $b+5 (a<b)$;
   (3) $7a$ ____ $4a (a>0)$;
   (4) $2a$ ____ $2b (a<b)$;
   (5) $-5a$ ____ $-5b (a<b)$.

2. 用符号">" "<" "≠"填空:
   (1) 如果 $a>b, c<d$,则 $a-c$ ____ $b-d$;
   (2) 如果 $a>b>0, c<d<0$,则 ac ____ bd;
   (3) 当 c ____ 0 时,由 $a>b$,可得 $ac>bc$;
   (4) 当 c ____ 0 时,由 $a>b$,可得 $ac^2>bc^2$;
   (5) 当 c ____ 0 时,由 $a>b$,可得 $ac<bc$;
   (6) 如果 $a>0, b<0$,则 ab ____ 0.

B 组

1. 如果 $a>b, c>d$,能否断定 $a-c$ 与 $b-d$ 的大小? 如果不能,试举反例说明.

2. 如果 $a>b, c>d$,能否一定得到 $ac>bd$? 如果不能,试举反例说明.

3. 用符号">"或"<"填空:
   (1) $\dfrac{1}{a}$ ____ $\dfrac{1}{b} (a>b>0)$;
   (2) $\dfrac{1}{a}$ ____ $\dfrac{1}{b} (a<b<0)$;
   (3) $-\dfrac{1}{a}$ ____ $-\dfrac{1}{b} (a>b>0)$;
   (4) $-\dfrac{1}{a}$ ____ $-\dfrac{1}{b} (a<b<0)$.

习题 3.1

1. 比较下列各组中两个实数的大小:
   (1) $\dfrac{8}{9}, \dfrac{7}{8}$;
   (2) $-\dfrac{3}{7}, -\dfrac{39}{101}$;
   (3) $0, a^2$;
   (4) $0, -a^2$;
   (5) $3.14, \pi$;
   (6) $a^2, -a^2$.

2. 用符号">",或"=",或"<"把下列各组数或式连接起来:

(1) $5+9$ ____ $9+6$;

(2) $7\times(-5)$ ____ $6\times(-5)$;

(3) $(-1)^2$ ____ 1;

(4) 1.1^2 ____ 1.1;

(5) 0.2^2 ____ 0.2;

(6) $\left(-\dfrac{1}{2}\right)^3$ ____ $-\dfrac{1}{2}$;

(7) $\sqrt{2}$ ____ 2;

(8) $\left|-\dfrac{1}{3}\right|$ ____ $-\dfrac{1}{3}$.

3. 比较下列各组中两个代数式的大小:

(1) $(x-3)^2, (x-2)(x-4)$;

(2) $(x^2+1)^2, x^4+x^2-2x(x\neq -1)$;

(3) $(x+1)^2, 2x+1$;

(4) $x^2+x, 3x-2$.

4. 设 $a>0, b>0$,比较下列两式的大小:

(1) $\dfrac{b}{a}, \dfrac{b}{a+1}$;

(2) $\dfrac{b}{a}, \dfrac{b+1}{a}$.

5. 把下列实数按大小顺序排列起来:

$-2, 1, 3, 0, -5, -6, -\dfrac{1}{2}, \sqrt{7}, 13, \sqrt{144}$.

3.2 不等式的解法

3.2.1 区间的概念

实例

资料显示:随着科学技术的发展,列车运行速度不断提高,国际公认,运行时速达 200 km 以上的旅客列车称为新时速旅客列车.京广高铁设计运行时速达 350 km,呈现出超越世界的"中国速度"(见图 3-3),使新时速旅客列车的运行速度值界定在 200 km/h 与 350 km/h 之间.

观察

集合 $\{x|2<x<4\}$ 可以用数轴上位于 2 与 4 之间的一段不包括端点的线段(见图 3-4)

图 3-3

表示.

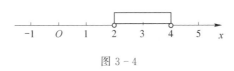

图 3-4

新知识

由数轴上两点间的一切实数所组成的集合叫作**区间**,其中,这两个点叫作**区间端点**.

设 a、b 是实数,且 $a<b$.

(1) 满足 $a \leqslant x \leqslant b$ 的实数 x 的全体,叫作**闭区间**,记作 $[a,b]$(见图 3-5(1));

(2) 满足 $a<x<b$ 的实数 x 的全体,叫作**开区间**,记作 (a,b)(见图 3-5(2));

(3) 满足 $a \leqslant x<b$ 或 $a<x \leqslant b$ 的实数 x 的全体,都叫作**半开半闭区间**,分别记作 $[a,b)$ 或 $(a,b]$(见图 3-5(3)、图 3-5(4)).

a 和 b 叫作区间的**端点**. 在数轴上表示一个区间时,如果区间包括端点,则端点用实心点表示;如果区间不包括端点,则端点用空心点表示.

全体实数也可用区间表示为 $(-\infty,+\infty)$,符号"$+\infty$"读作"正无穷大","$-\infty$"读作"负无穷大".

满足 $x \geqslant a$ 的全体实数,可记作 $[a,+\infty)$(见图 3-6(1));

满足 $x>a$ 的全体实数,可记作 $(a,+\infty)$(见图 3-6(2));

满足 $x \leqslant a$ 的全体实数,可记作 $(-\infty,a]$(见图 3-6(3));

满足 $x<a$ 的全体实数,可记作 $(-\infty,a)$(见图 3-6(4)).

区间形式可以这样表示:设 a、b 为任意实数,且 $a<b$,则各种区间表示的集合如表 3-1 所示.

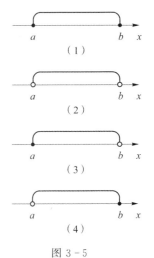

图 3-5

表 3-1

区间	(a,b)	$[a,b]$	$[a,b)$	$(a,b]$	
集合	$\{x\mid a<x<b\}$	$\{x\mid a\leqslant x\leqslant b\}$	$\{x\mid a\leqslant x<b\}$	$\{x\mid a<x\leqslant b\}$	
区间	$(-\infty,b)$	$(-\infty,b]$	$(a,+\infty)$	$[a,+\infty)$	$(-\infty,+\infty)$
集合	$\{x\mid x<b\}$	$\{x\mid x\leqslant b\}$	$\{x\mid x>a\}$	$\{x\mid x\geqslant a\}$	$\mathbf{R}$

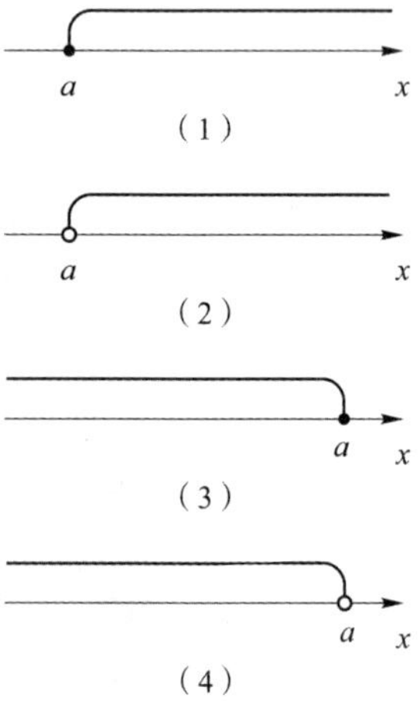

可以看到，用区间表示集合，具有书写方便、简单、直观的特点．本教材中，凡是可以用区间表示的集合，一般都用区间表示．

知识巩固

例1 用区间表示下列不等式的解集：

(1) $6<x\leqslant 10$；　　　　　(2) $x\leqslant 0.6$．

解 (1) $(6,10]$；

(2) $(-\infty,0.6]$．

例2 用集合的性质描述法表示下列区间：

(1) $(-7,0]$；　　　　　(2) $[-8,7]$．

解 (1) $\{x\mid -7<x\leqslant 0\}$；

(2) $\{x\mid -8\leqslant x\leqslant 7\}$．

例3 在数轴上表示集合 $\{x\mid x<-2$ 或 $x\geqslant 1\}$．

解 如图 3-7 所示．

图 3-7

练习 3.2.1

A 组

1. 用集合的性质描述法，写出下列不等式的解集：

　　(1) $-2\leqslant x<3$；　　　　　(2) $-2\leqslant x\leqslant 4$；

　　(3) $2\leqslant x<5$；　　　　　(4) $0<x\leqslant 1$；

　　(5) $x\geqslant 4$；　　　　　(6) $x<8$．

2. 用区间表示下列不等式的解集，并在数轴上表示这些区间：

　　(1) $-4\leqslant x\leqslant 3$；　　　　　(2) $-2<x<4$；

　　(3) $-4\leqslant x<3$；　　　　　(4) $-2<x\leqslant 4$；

　　(5) $x>8$；　　　　　(6) $x\leqslant 6$．

3. 用区间表示下列集合：

　　(1) $\{x\mid -6\leqslant x\leqslant 2\}$；　　　　　(2) $\{x\mid -7\leqslant x<2\}$；

　　(3) $\{x\mid x\geqslant 0\}$；　　　　　(4) $\{x\mid x<0\}$．

4. 已知集合 $A=[-1,4)$，集合 $B=(0,5]$，求 $A\cup B$、$A\cap B$.

5. 设全集为 **R**，集合 $A=(-\infty,-1)$，集合 $B=(0,3)$，求 $\complement A$，$\complement B$，$B\cap \complement A$.

B 组

1. 已知集合 $A=[-3,5]$，$B=(-4,0]$，求：
   (1) $A\cup B$；　　　　　　　　(2) $A\cap B$，
   并分别在数轴上表示集合 A、B、$A\cup B$、$A\cap B$.

2. 在数轴上表示集合 $\{x|-3\leqslant x<6\}$.

3. 用区间表示下列集合：
   (1) $\{x|7<x\leqslant 12\}$；
   (2) $\{x|-1\leqslant x\leqslant 4,$ 且 $x\neq 0\}$；
   (3) $\{x|x>-3\}$.

3.2.2 一元一次不等式(组)的解法

实例

在本章的章前语关于全球通和神州行的服务资费问题中，如果只考虑本地通话的费用，则通话时间为多少时，神州行方式的费用小于全球通方式的费用？（问题 1）

解 设本地通话时间为 x min，由题意得
$$0.6x<50+0.4x.$$
解这个不等式的步骤依次为：

$$0.6x-0.4x<50,\qquad\qquad\text{（移项）}$$
$$0.2x<50,\qquad\qquad\text{（合并同类项）}$$
$$x<250.\qquad\qquad\text{（两边同除以 0.2，不等号的方向不变）}$$

所以，在本地通话时间小于 250 min 时，神州行方式的费用小于全球通的费用.

新知识

在问题 1 列出的不等式中，未知数的个数是 1，且它的次数为 1，这样的不等式叫作**一元一次不等式**.

使不等式成立的未知数的值的全体，通常称为这个**不等式的解集**.

很多实际问题，通过设未知数列关系式，得到的是一元一次不等式. 上面解一元一次不等式的步骤对于任意一个一元一次不等式都有效. 下面再举例说明解一元一次不等式的步骤.

知识巩固

例 4 解不等式 $2(x+1)+\dfrac{x-2}{3}>\dfrac{7x}{2}-1$.

解 由原不等式可得

$$12(x+1)+2(x-2)>21x-6,\quad \text{(原式两边乘6)}$$
$$12x+12+2x-4>21x-6,\quad \text{(分配律)}$$
$$12x+2x-21x>-12+4-6,\quad \text{(移项)}$$
$$-7x>-14,\quad \text{(合并同类项)}$$
$$x<2.\quad \text{(不等式性质)}$$

所以,原不等式的解集是 $\{x|x<2\}$,即 $(-\infty,2)$.

我们把解一元一次不等式的步骤归纳如下:

S1 去分母;

S2 去括号;

S3 移项;

S4 合并同类项,化成不等式 $ax>b\,(a\neq 0)$ 的形式;

S5 不等式两边都除以未知数的系数,得出不等式的解集为 $\left\{x\,\middle|\,x>\dfrac{b}{a}\right\}$ $\left(\text{或}\left\{x\,\middle|\,x<\dfrac{b}{a}\right\}\right)$.

上述解不等式的步骤,可以根据具体情况灵活运用.

生活中还有一些问题涉及多个不等式. 一般地,由几个一元一次不等式所组成的不等式组,叫作**一元一次不等式组**. 下面我们来解决这样的问题.

例5 解不等式组 $\begin{cases} 3x-2>1, \\ 5-x\geqslant 2. \end{cases}$

解 不等式 $3x-2>1$ 的解集为 $(1,+\infty)$;不等式 $5-x\geqslant 2$ 的解集为 $(-\infty,3]$. 故不等式组的解集为

$$(-\infty,3]\cap(1,+\infty)=(1,3].$$

例6 解下列不等式组:

(1) $\begin{cases} -3x+2x\geqslant 5, \\ x+\dfrac{1}{3}x\leqslant -1; \end{cases}$ (2) $\begin{cases} 5x-7x\leqslant -4x-2, \\ \dfrac{1}{2}x-\dfrac{1}{3}x+2>0. \end{cases}$

解 (1) 由原不等式组可得

$$\begin{cases} -x\geqslant 5, \\ \dfrac{4}{3}x\leqslant -1. \end{cases}$$

即

$$\begin{cases} x\leqslant -5, \\ x\leqslant -\dfrac{3}{4}. \end{cases}$$

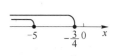

所以 $x\leqslant -5.$

即原不等式组的解集为 $\{x|x\leqslant -5\}$.

(2) 由原不等式组可得

$$\begin{cases} 2x\leqslant -2, \\ \dfrac{1}{6}x>-2. \end{cases}$$

即

$$\begin{cases} x \leqslant -1, \\ x > -12. \end{cases}$$

所以 $-12 < x \leqslant -1.$

即原不等式组的解集为 $\{x \mid -12 < x \leqslant -1\}$，即 $(-12, -1]$.

由上面的两个例子，我们把解一元一次不等式组的步骤归纳如下：

S1 求这个不等式组中各个不等式的解集；
S2 求出这些不等式的解集的公共部分，即求出了这个不等式组的解集．

例7 某塑料制品加工厂为了制定某产品第四季度的生产计划，收集到该产品的生产信息如下：

(1) 此产品第四季度已有订货数为 4 000 袋；
(2) 每袋需原料 0.1 t，可供应原料 410 t；
(3) 第四季度生产此产品的工人至多有 5 人，每人的工时至多为 504 工时，每人每工时生产该产品 2 袋．

请你依据以上数据，决定第四季度该产品可能的产量．

分析 根据信息：为了满足供货要求，第四季度该产品的产量不能少于 4 000 袋；由于供应的原料限制，第四季度生产该产品的袋数不能多于 $410 \div 0.1 = 4\ 100$（袋）；第四季度该产品的产量不能超过工人的生产能力，即 $5 \times 504 \times 2 = 5\ 040$（袋）．

解 设该产品第四季度的产量为 x 袋，由题意可列不等式组：

$$\begin{cases} x \geqslant 4\ 000, \\ x \leqslant 4\ 100, \\ x \leqslant 5\ 040. \end{cases}$$

x 的取值范围应为同时满足这三个不等式的整数，容易看出 x 的取值范围是满足

$$4\ 000 \leqslant x \leqslant 4\ 100$$

的整数．

所以，第四季度该产品的产量应不少于 4 000 袋且不多于 4 100 袋．

从上面的问题可以看到，解由几个不等式组成的不等式组，就是求这几个不等式的解集的公共部分．

练习 3.2.2

A 组

1. 解下列不等式：

   (1) $3x + 2x \geqslant 5$；
   (2) $\dfrac{1}{2}x + \dfrac{1}{3}x \leqslant 15$；
   (3) $x + 3x \leqslant 6x - 4$；
   (4) $2x - 6x + 1 < 4\left(\dfrac{1}{3}x - \dfrac{1}{4}x\right)$.

2. 解下列不等式组:

(1) $\begin{cases} 2x \geq 1, \\ 3x \geq 1; \end{cases}$

(2) $\begin{cases} -2\left(\dfrac{1}{3}x - \dfrac{1}{4}x\right) + 1 \leq x, \\ -3x + \dfrac{1}{2} > x + \dfrac{3}{2}x - 6; \end{cases}$

(3) $\begin{cases} 5x \leq -1, \\ \dfrac{x}{3} - x \geq 0; \end{cases}$

(4) $\begin{cases} \dfrac{1}{5}x - 2x \leq x + 3, \\ \dfrac{1}{6}x + \dfrac{1}{3}x < \dfrac{1}{4}x - \dfrac{1}{4}. \end{cases}$

B 组

1. 黔西县中等职业学校在学生技能操作竞赛中,评出一等奖 5 人,二等奖 12 人,三等奖 30 人,学校决定给每个获奖学生发奖金,如果每个获奖者的奖金金额一等奖是二等奖的 2 倍,二等奖是三等奖的 2 倍,且总金额不超过 1 500 元,则各类获奖学生最高能领到多少奖金(精确到 1 元)?

2. 解下列不等式组:

(1) $\begin{cases} x + 2 > 0, \\ x - 4 > 0, \\ x - 6 < 0; \end{cases}$

(2) $\begin{cases} 3 + x < 4 + 2x, \\ 5x - 3 < 4x - 1, \\ 7 + 2x > 6 + 3x; \end{cases}$

(3) $\begin{cases} x - 2 > 0, \\ x - 3 < 0, \\ 2x + 3 > 0; \end{cases}$

(4) $\begin{cases} 4x - 4 > 3x + 1, \\ 3x + 1 > 2x - 1. \end{cases}$

3.2.3 一元二次不等式的解法

问题 一家旅社有客房 300 间,每间房租为 30 元时,天天都客满,如果每间房租每增加 2 元,每天客房出租数会减少 10 间.不考虑其他因素时,旅社将房间租金定为多少时,可以保证每天客房的总租金不少于 10 000 元.

分析 每间房租增加 x 个 2 元时,每天客房租出会减少 $10x$ 间.

由每天客房的租金收入 = 每间房租 × 每天客房出租数,即可计算出每天客房的租金收入,从而列出不等式.

解 设每间房租增加 x 个 2 元,则每间房租为 $30 + 2x$ 元,这时将有 $300 - 10x$ 间客房租出,由客房租金收入不少于 10 000 元可得

$$(30 + 2x)(300 - 10x) \geq 10\,000,$$
$$-20x^2 + 600x - 300x + 9\,000 \geq 10\,000,$$
$$x^2 - 15x + 50 \leq 0,$$
$$(x - 5)(x - 10) \leq 0.$$

我们知道,两数乘积小于 0 时,相乘的两数异号,所以解上述不等式,相当于解下面两个不等式组:

$$(\text{I}) \begin{cases} x-5 \geqslant 0, \\ x-10 \leqslant 0. \end{cases}$$

或 $$(\text{II}) \begin{cases} x-5 \leqslant 0, \\ x-100 \geqslant 0. \end{cases}$$

解不等式组（Ⅰ），得
$$5 \leqslant x \leqslant 10.$$

解不等式组（Ⅱ）．可以看出同时满足（Ⅱ）中的不等式的未知数不存在，考虑到 $300-10x \geqslant 0$，即 $x \leqslant 30$．综上，问题中的未知数 x 的取值范围是
$$5 \leqslant x \leqslant 10.$$

所以当每间客房租金数取大于等于 40 且小于等于 50 的偶数时，每天租金的收入不少于 10 000 元．

含有一个未知数，并且未知数的最高次数是二次的不等式叫作**一元二次不等式**．满足一元二次不等式的未知数的取值范围，通常叫作这个不等式的解集．

下面我们再通过几个例子，进一步学习一元二次不等式的解法．

知识巩固

例 8 解下列不等式：

(1) $x^2-x-12>0$；　　　　(2) $x^2-x-12<0$．

分析 方程 $x^2-x-12=0$ 的判别式
$$\Delta=(-1)^2-4\times 1\times(-12)=49>0,$$
于是可求出它的两个根为 -3、4．

把二次三项式 x^2-x-12 进行因式分解，得
$$x^2-x-12=(x+3)(x-4).$$

我们把 $(x+3)$ 和 $(x-4)$ 看成两个数，根据两个实数相乘的运算法则，两数的积大于 0 时，它们同号（同为正或同为负）；两数的积小于 0 时，它们异号．因此，解原不等式(1)就可转化为解下列两个不等式组：

$$\begin{cases} x+3>0, \\ x-4>0. \end{cases} \quad \text{或} \quad \begin{cases} x+3<0, \\ x-4<0. \end{cases}$$

解原不等式(2)就可转化为解下列两个不等式组：

$$\begin{cases} x+3>0, \\ x-4<0. \end{cases} \quad \text{或} \quad \begin{cases} x+3<0, \\ x-4>0. \end{cases}$$

解 (1) 将所给不等式转化为解不等式组：

$$(\text{I}) \begin{cases} x+3>0, \\ x-4>0 \end{cases} \quad \text{或} \quad (\text{II}) \begin{cases} x+3<0, \\ x-4<0. \end{cases}$$

（Ⅰ）的解集是 $\{x|x>4\}$，（Ⅱ）的解集是 $\{x|x<-3\}$．

所以原不等式的解集为 $\{x|x>4 \text{ 或 } x<-3\}$，即
$$(-\infty,-3)\cup(4,+\infty).$$

(2) 将所给不等式转化为解下面两个不等式组：

$$(Ⅲ) \begin{cases} x+3>0, \\ x-4<0 \end{cases} \text{或} \quad (Ⅳ) \begin{cases} x+3<0, \\ x-4>0. \end{cases}$$

(Ⅲ)的解集是$\{x|-3<x<4\}$，(Ⅳ)的解集是$\varnothing$．

所以原不等式的解集为$\{x|-3<x<4\}$，即

$$(-3,4).$$

从上例，我们可看到，某些一元二次不等式可转化为一次不等式组求解．另外，对于一些特殊的一元二次不等式，要根据具体情况灵活解题．

例 9 解下列不等式：

(1) $x^2-4x+4>0$；   (2) $x^2-4x+4<0$．

分析 方程 $x^2-4x+4=0$ 的判别式

$$\Delta=(-4)^2-4\times1\times4=0,$$

即方程 $x^2-4x+4=0$ 有两个相等的根 $x=2$．用配方法，(1)和(2)中的不等式可分别转化为

$$(x-2)^2>0, (x-2)^2<0.$$

解 (1) 因为任何一个实数的平方大于等于0，所以当 $x\neq2$ 时，都有

$$(x-2)^2>0,$$

所以原不等式的解集是 $\{x\in\mathbf{R}|x\neq2\}$，即 $(-\infty,2)\cup(2,+\infty)$；

(2) 由(1)可知，没有一个实数 x 使得不等式

$$(x-2)^2<0$$

成立，所以原不等式的解集是 $\varnothing$．

例 10 解下列不等式：

(1) $x^2-2x+3>0$；   (2) $x^2-2x+3<0$．

分析 方程 $x^2-2x+3=0$ 的判别式

$$\Delta=(-2)^2-4\times1\times3=-8<0,$$

方程 $x^2-2x+3=0$ 无解．用配方法，原不等式分别可转化为

$$(x-1)^2+2>0, (x-1)^2+2<0.$$

解 (1) 对于任意一个实数 x，都有

$$x^2-2x+3=(x-1)^2+2>0,$$

即不等式对任何实数都成立，所以原不等式的解集是 $\mathbf{R}$；

(2) 对于任意一个实数 x，不等式

$$(x-1)^2+2<0$$

都不成立，所以原不等式的解集是 $\varnothing$．

一元二次不等式的一般形式是

$$ax^2+bx+c>0$$

或

$$ax^2+bx+c<0 \quad (a\neq0).$$

由上面的例子，我们把解一元二次不等式

$$ax^2+bx+c>0 \quad \text{或} \quad ax^2+bx+c<0 \quad (a>0)$$

的步骤归纳如下：

S1 求出方程 $ax^2+bx+c=0$ 的判别式 $\Delta=b^2-4ac$ 的值.

S2 (1) 若 $\Delta>0$，则二次方程 $ax^2+bx+c=0$ $(a>0)$
有两个不等的根 x_1、x_2（设 $x_1<x_2$），则
$$ax^2+bx+c=a(x-x_1)(x-x_2).$$
不等式 $a(x-x_1)(x-x_2)>0$ 的解集是
$$(-\infty,x_1)\cup(x_2,+\infty);$$
不等式 $a(x-x_1)(x-x_2)<0$ 的解集是
$$(x_1,x_2).$$

(2) $\Delta=0$，通过配方得
$$a\left(x+\frac{b}{2a}\right)^2+\frac{4ac-b^2}{4a}=a\left(x+\frac{b}{2a}\right)^2.$$
由此可知，$ax^2+bx+c>0$ 的解集是 $\left(-\infty,-\dfrac{b}{2a}\right)\cup\left(-\dfrac{b}{2a},+\infty\right)$；$ax^2+bx+c<0$ 的解集是 $\varnothing$.

(3) $\Delta<0$，通过配方得
$$ax^2+bx+c=a\left(x+\frac{b}{2a}\right)^2+\frac{4ac-b^2}{4a}\left(\frac{4ac-b^2}{4a}>0\right).$$
由此可知，$ax^2+bx+c>0$ 的解集是 $\mathbf{R}$；$ax^2+bx+c<0$ 的解集是 $\varnothing$.

对于 $a<0$ 的情况，通过在已知不等式两端乘上 -1，可化为 $a>0$ 的情况求解.

练习 3.2.3

A 组

1. 解下列不等式：
   (1) $(x+1)(x-2)<0$；
   (2) $(x+2)(x-3)>0$；
   (3) $x^2-2x-3>0$；
   (4) $x^2-2x-3<0$.

2. 解下列不等式：
   (1) $4x^2+4x+3<0$；
   (2) $3x\geqslant 5-2x^2$；
   (3) $9x^2-\sqrt{3}-4\leqslant 0$；
   (4) $x^2-4x+5>0$.

3. 解下列不等式：
   (1) $x^2+2x<15$；
   (2) $6x^2\geqslant x+2$；
   (3) $-12x^2>3-13x$；
   (4) $-4x^2+\sqrt{2}x+3<0$.

4. 解下列不等式：
   (1) $x^2-2x-3>0$；
   (2) $x^2-2x-3<0$；
   (3) $x^2-8x+16>0$；
   (4) $x^2-8x+16<0$；
   (5) $x^2-2x+3>0$；
   (6) $x^2-2x+3<0$.

5. 解下列不等式：
   (1) $-x^2-x+6\geqslant 0$；
   (2) $\dfrac{1}{2}x^2-4x+6<0$；

(3) $4x^2+2x-3>0$; (4) $-x^2+6x-8<0$;
(5) $2x^2-5x-7>0$; (6) $x^2-8x+15<0$.

B 组

1. 为民商店如果以每件 25 元的单价出售某商品,每月可售出 800 件,若该商品的单价每提高 1 元,则销售量减少 20 件,要使该商品的销售金额不少于 20 000 元,求该商品的最高单价.
2. m 是什么实数时,一元二次方程 $mx^2-(1-m)x+m=0$ 没有实数根.
3. 求下列不等式在正整数集中的解集:

   (1) $|2x-5|<15$;   (2) $\left|\dfrac{1}{2}+1\right|<3$.

4. 园林工人计划使用可以做出 20 m 栅栏的材料,在靠墙的位置围出一块矩形的花圃,要使花圃的面积不小于 42 m²,你能确定与墙平行的栅栏的长度范围吗?
5. 已知方程 $x^2+ax+(a-3)=0$ 有实数解,求 a 的取值范围.

3.3 含有绝对值的不等式

3.3.1 不等式 $|x|<a$ 或 $|x|>a$

知识回顾

我们知道,在实数集中,对任意实数 a,

$$|a|=\begin{cases} a & (当\ a>0\ 时), \\ 0 & (当\ a=0\ 时), \\ -a & (当\ a<0\ 时). \end{cases}$$

实数 a 的绝对值 $|a|$,在数轴上等于对应实数 a 的点到原点的距离. 如图 3-8 所示,$|-3|$ 和 $|3|$ 在数轴上分别等于点 A、点 B 到原点的距离.

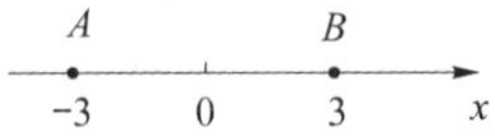

图 3-8

由 $|a|$ 的这一几何意义可知,不等式

$$|x|\leqslant 3$$

的解集是:与原点的距离小于 3 或等于 3 的所有点所对应的实数全体构成的集合,即

$$\{x\,|\,|x|\leqslant 3\}=\{x\,|\,x\geqslant-3,\text{且}\ x\leqslant 3\},\text{或}\ [-3,3].$$

不等式
$$|x|>3$$
的解集是:与原点距离大于3的所有点所对应的实数全体构成的集合,如图3-9所示.

图 3-9

即 $\{x|x<-3 \text{ 或 } x>3\}$,
即 $(-\infty,-3)\cup(3,+\infty)$.

一般地,如果 $a>0$,则

$$|x|\leqslant a \Leftrightarrow -a\leqslant x\leqslant a;$$
$$|x|>a \Leftrightarrow x<-a \text{ 或 } x>a.$$

这个结果如图3-10所示.

图 3-10

知识巩固

例1 解下列各不等式:

(1) $3|x|-1>0$; (2) $2|x|\leqslant 6$.

解 (1)由不等式 $3|x|-1>0$,得 $|x|>\dfrac{1}{3}$,所以原不等式的解集为

$$\left(-\infty,-\dfrac{1}{3}\right)\cup\left(\dfrac{1}{3},+\infty\right).$$

(2)由不等式 $2|x|\leqslant 6$,得 $|x|\leqslant 3$,所以,原不等式的解集为

$$[-3,3].$$

练习 3.3.1

解下列各不等式:

(1) $2|x|\geqslant 8$;　(2) $|x|<2.6$;　(3) $|x|-1>0$.

3.3.2 不等式 $|ax+b|<c$ 或 $|ax+b|>c$

问题

如何通过 $|x|<a(a>0)$ 求解不等式 $|2x+1|<3$?

新知识

在不等式 $|2x+1|<3$ 中,设 $m=2x+1$,则不等式 $|2x+1|<3$ 化为

$|m|<3.$

其解集为

$$-3<m<3, 即 -3<2x+1<3.$$

利用不等式的性质,可以求出解集.

由此可见,形如 $|ax+b|<c$ 或 $|ax+b|>c(c>0)$ 的不等式可以通过"变量替换"的方法求解.实际运算中,可以省略变量替换的书写过程.

小知识

变量替换又称换元法或者辅助元法,它的基本思想是用新的变量(元)替换原来的变量(元),即用单一的字母表示一个代数式,从而使一些数学问题化难为易、化繁为简.

知识巩固

例 2 解不等式 $|2x-3|<5.$

解 这个不等式等价于
$$-5<2x-3<5,$$
$$-5+3<2x-3+3<5+3,$$
$$-2<2x<8,$$
$$-2\times\frac{1}{2}<2x\times\frac{1}{2}<8\times\frac{1}{2},$$
$$-1<x<4.$$

因此,原不等式的解集是 $(-1,4)$.

例 3 解不等式 $|2x-3|\geqslant 5.$

解 原不等式等价于
$$2x-3\geqslant 5 \quad ①$$

或
$$2x-3\leqslant -5. \quad ②$$

①的解集是 $[4,+\infty)$,②的解集是 $(-\infty,-1]$.

所以原不等式的解集是 $(-\infty,-1]\cup[4,+\infty).$

想一想

如果例 2 的不等式为 $|3-2x|\leqslant 5$,解集会发生变化吗?为什么?

练习 3.3.2

A 组

1. 下列各式是否对任意实数都成立?如果不成立,举反例说明:

   (1) $|-a|=a$;
   (2) $\sqrt{(-a)^2}=-|a|$;
   (3) $|b-a|=|a-b|$;
   (4) $\sqrt{a^2}=|a|$.

2. 解下列不等式,并在数轴上表示它的解集:

   (1) $|x|<5$;
   (2) $\left|\frac{1}{3}x\right|\geqslant 7$;
   (3) $|10x|<\frac{2}{5}$;
   (4) $|x-2|\leqslant 5$;
   (5) $|2x+3|\geqslant 1$;
   (6) $|2x-3|<1.$

3. 解下列不等式:

   (1) $|x-1|\leqslant 0.01$;
   (2) $|x+1|\leqslant 0.5$;

(3) $|5x-2| \geqslant 1$；　　　　　　(4) $|3x+8| \geqslant 2$．

4. 解不等式：$|x-1| < 2$．

B 组

1. 解下列关于 x 的不等式：
   (1) $|x-a| < b(b>0)$；
   (2) $|x+a| \geqslant b(b>0)$．

习题 3.2

A 组

1. 已知集合 $A=(-2,3]$，集合 $B=(0,5]$，求 $A \cup B$，$A \cap B$．

2. 已知集合 $A=(-3,+\infty)$，集合 $B=(-\infty,5]$，求 $A \cup B$，$A \cap B$．

3. 已知全集为 **R**，集合 $A=(-1,3]$，集合 $B=(0,4)$，求：
   (1) $A \cup B$，$A \cap B$；　　　　(2) $\complement A$，$\complement B$．

4. 解不等式 $2x-3 < 5x+1$．

5. 解不等式组 $\begin{cases} x-3(x-2) > 1, \\ \dfrac{2x-1}{5} \geqslant \dfrac{x+1}{2}. \end{cases}$

6. 已知：$|x-a| < b$ 的解集是 $\{x|-3 < x < 9\}$，求 a、b．

B 组

1. 设全集为 **R**，集合 $A=(-\infty,2]$，集合 $B=[2,+\infty)$，求：
   (1) $\complement A$，$\complement B$；　　(2) $\complement A \cup \complement B$；　　(3) $\complement A \cap \complement B$．

2. 分解下列不等式组：
   (1) $\begin{cases} 2x+3(4-x) > 4, \\ x-3 > \dfrac{x}{2} - \dfrac{1}{4}; \end{cases}$　　　　(2) $\begin{cases} (x^2+1)(x-3) < 0, \\ 3x+4 < 5x-6. \end{cases}$

利用 Excel 软件解一元二次方程

在我们的学习和工作中，计算机已经成为了必不可少的重要工具，在应用 1 中已经介绍了在 Word 文档中录入数学公式的方法，下面介绍如何编制利用 Excel 软件解一元二次方程的工作表．

大家知道,在一元二次方程 $ax^2+bx+c=0$ 中,有三个重要的量:a、b、c. 利用解的判别式 $\Delta=b^2-4ac$ 可以判别方程解的情况:当 $\Delta>0$ 时,方程有两个不相等的实数解;当 $\Delta=0$ 时,方程有两个相等的实数解,当 $\Delta<0$ 时,方程没有实数解. 如果方程有实数解,可以依据求解公式 $x_{1,2}=\dfrac{-b\pm\sqrt{b^2-4ac}}{2a}$ 求解. 由此可知,这三个量决定着方程的解. 因此解一元二次方程的 Excel 工作表的界面中要求有它们的位置,并且可以任意调整它们的值.

将工作表页面分为三个区域:

说明区域:表格以外的部分,说明各部分相应单元格含义,使界面清楚、明确.

输入区域:在单元格 E5、G5、I5,分别输入 a、b、c 的值.

输出区域:单元格 E7、C7、K5、M5,根据 a、b、c 的输入值,分别输出解的判别式的值、方程的解的情况和方程的解的值.

表格的灵魂是输出区域各单元格的编辑,下面介绍这四个单元格的编辑.

(1) 单元格 E7 显示的是方程的解的判别式的值. 依据公式 $\Delta=b^2-4ac$,在编辑栏中输入

"=POWER(G5,2)-4*E5*I5."

(2) 单元格 G7 显示的是方程的根的情况. 要根据判别式的符号来进行判断. 在编辑栏中输入

"=IF(E7>0,'有两个不相等实根',IF(E7=0,'有两个相等实根',无."

3.4 不等式的应用

在许多问题中,需要设未知数,列不等式求解. 下面举例说明.

例1 某工厂生产的产品单价是 80 元,直接生产成本是 60 元. 该工厂每月其他开支是 50 000 元. 如果该工厂计划每月至少获得 200 000 元的利润,假定生产的全部产品都能卖出,则每月的产量至少是多少?

解 设每月生产 x 件产品,则

总收入为 $80x$;

直接生产成本为 $60x$;

每月利润为 $80x-60x-50\,000=20x-50\,000$.

依题意,x 应满足不等式

$$20x-50\,000\geqslant 200\,000.$$

解得

$$x\geqslant 12\,500.$$

所以,该工厂每月至少要生产 12 500 件产品.

例2 某公司计划下一年度生产一种新型计算机. 下面是各部门提供的数据信息:

人事部:明年生产工人不多于 80 人,每人每年按 2 400 工时计算;

市场部:预测明年销售量至少 10 000 台;

技术部:生产一台计算机,平均要用 12 个工时,每台机器需要安装某种主要部件 5 个;

供应部：今年年底将库存这种主要部件 2 000 件，明年能采购到的这种主要部件为 80 000 件．

根据上述信息，判断明年公司的生产量可能是多少．

解 设明年生产量为 x 台，则依题意得到

$$\begin{cases} 12x \leqslant 80 \times 2\ 400, \\ 5x \leqslant 2\ 000 + 80\ 000. \end{cases}$$

即

$$\begin{cases} x \leqslant 16\ 000, \\ x \leqslant 16\ 400. \end{cases}$$

这个不等式组的解是 $x \leqslant 16\ 000$．考虑到明年的销售量至少是 10 000 台，我们可得到明年这个公司的产量可在 10 000～16 000 台．

练习 3.4

1. 已知 $x > 0$．求 $25 - x - \dfrac{4}{x}$ 的最大值．

2. 求函数 $f(x) = \dfrac{1}{2}x^2 + 2x + 3$ 的最小值．

均值定理 若 a、b 是正数，则

$$\frac{a+b}{2} \geqslant \sqrt{ab},$$

当且仅当 $a = b$ 时，等号成立．上式的几何说明是

$$S_{\triangle AFB} + S_{\triangle ADE} \geqslant S_{\square ABCD} \text{（见图 3-11）}.$$

图 3-11

例 3 已知一条长 100 m 的绳子，用它围成一个矩形，问：长、宽各等于多少时，围出来的矩形面积最大？

解 设矩形的长为 x m，宽为 y m，面积为 S m^2（见图 3-12）．根据题设条件，有

$$x + y = 50, \text{且 } x > 0, y > 0,$$
$$xy = S.$$

图 3-12

于是问题转化为当 $x + y = 50$ 时，求 xy 的最大值．根据均值定理，得

$$\sqrt{xy} \leqslant \frac{x+y}{2} = 25.$$

所以，$xy \leqslant 625$，当且仅当 $x = y = 25$ 时，等号成立．

因此，当 $x = y = 25$ 时，S 取最大值 625．

所以，用 100 m 的绳子围成长和宽都是 25 m 的矩形（即正方形）时，所围成的面积最大．

习题 3.3

1. 用长为 20 m 的绳子围成一矩形，问：长、宽各等于多少时，围成的矩形面积最大．

2. 在面积为 625 m^2 的所有矩形中，最短周长是多少？

3. 求证：在直径为 d 的圆的内接矩形中，面积最大的是正方形，它的面积等于 $\frac{1}{2}d^2$.

4. 某工厂生产一类产品，每月固定成本是 12 万元，每件产品变动成本是 20 元，而单价是 50 元. 如每月要求获得的最低利润是 2 万元，则每月最少需要销售多少件产品？

5. 某种商品的销售量 x 与它的销售单价 p（元）之间的关系是 $p=275-3x$，与总成本 q 之间的关系是 $q=500+5x$. 问：每月要获得最低利润 5 500 元，至少要销售多少件商品？

6. 某出版社出版一种书，固定成本是 50 000 元，每本的变动成本是 0.50 元，售价为 3.50 元，出版社要盈利，最低发行量是多少？

7. 某出版社，如果以每本 2.50 元的价格发行一种图书，可发行 80 000 本. 如果一本书的定价每升高 0.1 元，发行量就减少 2 000 本，要使收入不低于 200 000 元，求这种图书的最高定价.

8. 某种牌号的汽车在一种路面上的刹车距离 s(m) 与汽车车速 x(km/h) 的数值之间有如下关系：
$$s=0.05x+\frac{x^2}{180}.$$
在一次交通事故中，测得这种车的刹车距离大于 12 m，问：这辆汽车刹车前的车速至少是多少千米每小时？（精确到千米）

复习与提问

学完本章后，通过复习与回顾，你应当能够回答下列问题：

1. 在数轴上如何比较两个实数的大小？
2. 实数大小的基本性质是什么？
3. 不等式有哪些基本性质？
4. 解一元一次不等式（组）的步骤是什么？
5. 解一元二次不等式的步骤是什么？
6. 举例说明，如何应用不等式的基本性质解不等式.
7. $|x|<a,|x|>a(a>0)$，在数轴上的几何意义是什么？
8. 举例说明不等式的应用.

复习题三

A 组

1. 选择题：

(1) 不等式组 $\begin{cases} x \leqslant \frac{3}{2}, \\ x > -2 \end{cases}$ 的解集可以在数轴上表示为（　　）.

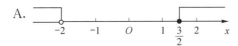

(2) 不等式 $x^2+4x-21 \leqslant 0$ 的解集为( ).

A. $(-\infty,-7] \cup [3,+\infty)$ B. $[-7,3]$

C. $(-\infty,-3] \cup [7,+\infty)$ D. $[-3,7]$

(3) 不等式 $|3x-2|>1$ 的解集为( ).

A. $\left(-\infty,-\dfrac{1}{3}\right) \cup (1,+\infty)$ B. $\left(-\dfrac{1}{3},1\right)$

C. $\left(-\infty,\dfrac{1}{3}\right) \cup (1,+\infty)$ D. $\left(\dfrac{1}{3},1\right)$

(4) 一元二次方程 $x^2-mx+4=0$ 有实数解的条件是 $m \in ($).

A. $(-4,4)$ B. $[-4,4]$

C. $(-\infty,-4) \cup (4,+\infty)$ D. $(-\infty,-4] \cup [4,+\infty)$

2. 填空题:

(1) 不等式 $2|x|-5>3$ 的解集为_____.

(2) 当 x _____时, $\sqrt{x^2-4x}$ 有意义.

(3) 当 x _____时, 代数式 $2x+1$ 不小于 0.

(4) 已知集合 $A=[2,4]$, 集合 $B=(-2,3)$, 则 $A \cap B=$_____, $A \cup B=$_____.

(5) 不等式组 $\begin{cases} x>-1, \\ x-4 \leqslant 2 \end{cases}$ 的解集为_____.

(6) 不等式 $(1-x)(2+x)>0$ 的解集为_____.

3. 解下列各不等式(组):

(1) $\begin{cases} 2x-1 \geqslant 3, \\ 3x-2<7; \end{cases}$ (2) $7(x-2) \leqslant 4x+1$.

4. 解下列各不等式:

(1) $x^2-3x \geqslant 0$;   (2) $x^2-x-6<0$;

(3) $x^2-x+5 \leqslant 0$;   (4) $2x^2+3x+2>0$.

5. 解下列各不等式:

(1) $|x+5|<2$;   (2) $|3x-4|-1 \geqslant 2$.

B 组

1. 解关于 x 的不等式: $mx+2<-3(m \neq 0)$.

2. 设全集为 **R**，$A=\{x\mid |x-1|<4\}$，$B=\{x\mid x^2-2x\geqslant 0\}$，求 $A\cap B$，$A\cap \complement B$，$\complement A\cap \complement B$.

3. 设 $a\in \mathbf{R}$，比较 a^2-3 与 $4a-15$ 的大小.

聪明在于学习，天才由于积累

华罗庚是国际著名的数学家，又是一位伟大的爱国主义者. 1950 年，他响应祖国的召唤，毅然从美国回到北京，投身于社会主义建设事业并作出了重大贡献. 1979 年他光荣加入了中国共产党. 1985 年 6 月 12 日，在访日作学术报告的讲台上，不幸逝世. 党和国家对他的一生作了高度的评价.

华罗庚于 1910 年 11 月 12 日出生于江苏省金坛一个贫苦家庭. 1924 年，他初中毕业，因家境贫寒而离开了学校. 为学点本事，他考取了上海中华职业学校学习会计. 后因交不起学费，只上了一年就离开了学校，在其父亲经营的小杂货铺里帮工当学徒. 渴望学习的他，只能利用业余时间刻苦自学数学. 1929 年，他在金坛中学任庶务主任，并开始在上海《科学》杂志发表论文. 1930 年他写的论文《苏家驹之代数五次方程式解法不能成立的理由》，受到清华大学数学系主任熊庆来先生的赞赏，熊庆来邀他到清华大学边工作边进修. 到清华大学后，他更加勤奋，用四年打下了坚实的数学基础，自学了英文、法文和德文. 同期，他仅数论这一分支就写了十几篇高水平的论文，成为一名优秀的青年数学家，同时从管理员升为助教，再晋升为讲师. 1936—1938 年他作为访问学者，到英国剑桥大学工作并深造. 抗日战争爆发后回国. 因成绩卓著，于 1938—1946 年他被受聘为昆明西南联合大学教授. 在当时，生活条件极为艰苦，他白天教学，晚上在菜油灯下孜孜不倦地从事研究工作，著名的《堆垒素数论》就是在这样的条件下写成的. 1945 年，他应苏联科学院邀请赴苏旅行和讲学，受到热烈欢迎. 1946 年，他应美国普林斯顿高等研究院邀请任研究员，并在普林斯顿大学执教，后被伊利诺伊大学聘任为终身教授. 1950 年回国后，他担任我国科学界诸多重要职务.

华罗庚从不迷信天才，他说："聪明在于学习，天才由于积累."他就靠刻苦自学、勤奋的钻研，给人类留下了近 300 篇学术论文和多种学术专著，还写了 10 多种科普读物. 他在晚年已有很高的声望和地位，但仍手不释卷，顽强地读和写，他说："树老易空，人老易松，科学之道，戒之以空，戒之以松，我愿一辈子从实而终.""发白才知智叟呆，埋头苦干向未来；勤能补拙是良训，一分辛苦一分才."这是华罗庚留给我们的多么宝贵的精神财富啊！

第四部分

三角函数

- 4.1 角的概念推广
- 4.2 弧度制
- 4.3 任意角的三角函数
- 4.4 同角三角函数的基本关系
- 4.5 诱导公式
- 4.6 三角函数的图像和性质
- 4.7 已知三角函数值求角

钟表指针在转动,车轮在转动,机械装置中主动轮通过皮带、链条、齿轮等带动从动轮转动……世界上的运动有一大类是圆周运动;一年四季周而复始呈现出周期性的变化.三角函数是研究圆周运动和周期现象的重要数学工具.

本章将在锐角三角函数的基础上,对角的概念进行推广,并研究任意角三角函数的图像、性质及其在实际中的应用.

4.1 角的概念推广

4.1.1 任意角

知识回顾

在初中我们学习了平面内角的概念,你还记得是如何定义的吗?

角可以看作平面内一条射线绕着它的端点旋转而得到的图形,如图 4-1 所示.

在体操比赛中,我们经常听到这样的术语:"向前翻腾两周半","反身翻腾一周半","转体三周半",等等.这些角已经超出了我们已有的认识范围,不仅不在 $0°\sim360°$ 角的范围内,而且方向不同.所以需要将角的概念推广.

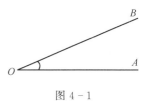

图 4-1

新知识

如图 4-2(1)所示,一条射线由位置 OA,绕着它的端点 O,按逆时针(或顺时针)方向旋转到另一位置 OB 形成的图形叫作**角**.旋转开始位置的射线 OA 叫作角的**始边**,终止位置的射线 OB 叫作角的**终边**,端点 O 叫作角的**顶点**.

规定:按逆时针方向旋转所形成的角叫作**正角**(见图 4-2(2)),按顺时针方向旋转所形成的角叫作**负角**(见图 4-2(3)).当射线没有作任何旋转时,也认为形成一个角,这个角叫作**零角**.

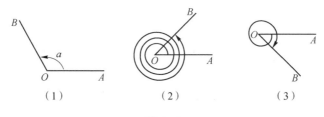

(1)　　　　(2)　　　　(3)

图 4-2

角的概念推广后,可以有任意大小的正角、负角或零角.

以前使用角的顶点或顶点与边的字母表示角,如图 4-2(1)所示,将角记为"$\angle O$"或"$\angle AOB$".今后经常使用小写希腊字母 α、β、γ、$\cdots$ 来表示角.

为了研究的方便,经常在平面直角坐标系中研究角.将角的顶点与坐标原点重合,始边与 x 轴的非负半轴重合.

此时,角的终边在第几象限,就把这个角叫作**第几象限的角**,或者说这个角在第几象限.

如图 4-3 所示,$30°$、$60°$、$-330°$ 角都是第一象限的角,$120°$ 角是第二象限的角,$-120°$ 角是第三象限的角,$-60°$、$300°$ 角都是第四象限的角.

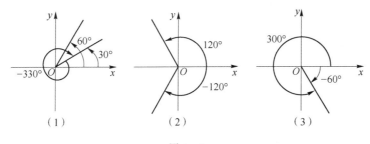

图 4-3

> **小知识**
>
> 坐标平面被平面直角坐标系分为四个部分,分别叫作第一象限、第二象限、第三象限、第四象限. 坐标轴上的点不属于任何象限.

终边在坐标轴上的角叫作**界限角**,例如,0°、90°、180°、270°、360°、−90°、−270°角都是界限角.

练习 4.1.1

1. 选择题:
   (1) 下列说法中,正确的是( ).
      A. 第一象限的角一定是锐角 B. 锐角一定是第一象限的角
      C. 小于 90°的角一定是锐角 D. 第一象限的角一定是正角
   (2) −70°角的终边在( ).
      A. 第一象限 B. 第二象限
      C. 第三象限 D. 第四象限
2. 在直角坐标系中分别作出下列各角,并指出它们是第几象限的角:
   (1) 60°;   (2) −210°;   (3) 225°;   (4) −300°.

4.1.2 终边相同的角

实例

已知角的顶点与坐标系原点重合,始边落在 x 轴的正半轴上.作出下列各角,并指出它们是第几象限角:

30°,390°,−330°.

新知识

从图 4-4 可以看出,390°、−330°角都与 30°角的终边相同.

390°与−330°可以分别写成

$$390°=30°+1×360°,$$
$$-330°=30°+(-1)×360°,$$
$$30°=30°+0×360°.$$

即390°、−330°、30°都可以表示成30°与360°的整数倍的和. 它们是角的始边绕坐标原点旋转到30°角的终边位置后,分别继续按逆时针或顺时针方向再旋转一周所形成的角. 显然,这三个角的终边相同,叫作**终边相同的角**. 与30°角终边相同的角还有:

$$750°=30°+2×360°; \quad -690°=30°+(-2)×360°;$$
$$1\ 110°=30°+3×360°; \quad -1\ 050°=30°+(-3)×360°.$$

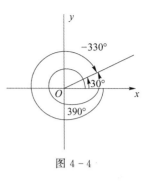

图 4-4

所有与30°角终边相同的角(包括30°角)都可以表示为30°与360°的整数倍的和,即都可以写成$30°+k·360°(k\in\mathbf{Z})$的形式. 因此,与30°角终边相同的角的集合为

$$\{\beta|\beta=30°+k·360°,k\in\mathbf{Z}\}.$$

一般地,与角α终边相同的角(包括角α在内)都可以写成$\alpha+k·360°(k\in\mathbf{Z})$的形式. 可见与角$\alpha$终边相同的角有无限多个,它们所组成的集合为

$$\{\beta|\beta=\alpha+k·360°,k\in\mathbf{Z}\}. \tag{4.1}$$

想一想

如果两个角的度数之差为360°的整数倍,那么这两个角一定是终边相同的角吗?

知识巩固

例1 写出与下列各角终边相同的角的集合,并把其中在−360°~720°范围内的角写出来:

(1) 60°; (2) −114°.

解 (1)与60°角终边相同的角的集合是

$$\{\beta|\beta=60°+k·360°,k\in\mathbf{Z}\}.$$

当$k=-1$时,$60°+(-1)×360°=-300°$;

当$k=0$时,$60°+0×360°=60°$;

当$k=1$时,$60°+1×360°=420°$.

所以在−360°~720°范围内与60°角终边相同的角为−300°、60°和420°(见图4-5).

(2) 与−114°角终边相同的角的集合是

$$\{\beta|\beta=-114°+k·360°,k\in\mathbf{Z}\}.$$

当$k=0$时,$-114°+0×360°=-114°$;

当$k=1$时,$-114°+1×360°=246°$;

当$k=2$时,$-114°+2×360°=606°$.

所以在−360°~720°范围内与−114°角终边相同的角为−114°、246°和606°(见图4-6).

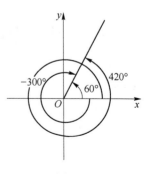

图 4-5

例 2 用集合表示满足下列条件的角：

(1) 第一象限角；

(2) 写出终边在 y 轴上的角的集合.

想一想

寻找指定范围内与已知角终边相同的角,还有其他的方法吗?

解 (1) 因为在 $0°\sim 360°$ 范围内,第一象限角的取值范围是 $0°<\alpha<90°$,而与每一个角 α 终边相同的角可记为 $\alpha+k\cdot 360°,k\in \mathbf{Z}$. 所以第一象限角的集合是：$\{\alpha|k\cdot 360°<\alpha<k\cdot 360°+90°,k\in \mathbf{Z}\}$.

(2) 如图 4-7 所示,在 $0°\sim 360°$ 范围内,终边在 y 轴非负半轴上的角为 $90°$,终边在 y 轴非正半轴上的角为 $270°$,因此,终边在 y 轴非负半轴、非正半轴上的所有角分别是

$$90°+k\cdot 360°=90°+2k\cdot 180°, \quad (1)$$

$$270°+k\cdot 360°=90°+(2k+1)\cdot 180°, \quad (2)$$

其中 $k\in \mathbf{Z}$.

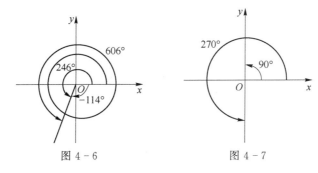

图 4-6   图 4-7

式(1)等号右边表示 $180°$ 的偶数倍再加上 $90°$；式(2)等号右边表示 $180°$ 的奇数倍再加上 $90°$.偶数和奇数合并在一起正好是整数,故可以将它们合并为 $180°$ 的整数倍再加上 $90°$.

终边在 y 轴上的角的集合是

$$\{\beta|\beta=90°+n\cdot 360°,n\in \mathbf{Z}\}.$$

当 n 取偶数时,角的终边在 y 轴非负半轴上;当 n 取奇数时,角的终边在 y 轴非正半轴上.

练习 4.1.2

1. 在 $0°\sim 360°$ 范围内,找出与下列各角终边相同的角,并指出它们是哪个象限的角：

   (1) $400°$；   (2) $-135°$；   (3) $1\,575°$；   (4) $-2\,238°$.

2. 写出与下列各角终边相同的角的集合,并把其中在 $-360°\sim 360°$ 范围内的角写出来：

   (1) $45°$；   (2) $-75°$；   (3) $-220°45'$；   (4) $1\,320°$.

3. 写出终边在 x 轴上的角的集合.

习题 4.1

A 组

1. 选择题：

   (1) 与 $330°$ 角终边相同的角为(　　).

   　　A. $-60°$　　B. $390°$　　C. $-390°$　　D. $-45°$

(2) 与 75°角终边不相同的角是（　　）.
    A. 1 255°　　B. −285°　　C. 435°　　D. 1 515°

(3) 第二象限的角的集合可以表示为（　　）.
    A. $\{\alpha\mid 0°<\alpha<90°\}$
    B. $\{\alpha\mid 90°<\alpha<180°\}$
    C. $\{\alpha\mid k\cdot 360°<\alpha<90°+k\cdot 360°, k\in \mathbf{Z}\}$
    D. $\{\alpha\mid 90°+k\cdot 360°<\alpha<180°+k\cdot 360°, k\in \mathbf{Z}\}$

(4) 若角 $\alpha=120°$，则角 $k\cdot 360°-\alpha (k\in \mathbf{Z})$ 所在的象限是（　　）.
    A. 第一象限　　B. 第二象限　　C. 第三象限　　D. 第四象限

2. 写出与下列各角终边相同的角的集合，并把其中在 0°～360°范围内的角写出来：
    (1) 420°；　　(2) −135°.

B 组

设 α 为第二象限的角，指出 $\dfrac{\alpha}{2}$ 是第几象限的角.

4.2　弧度制

4.2.1　弧度制

知识回顾

在初中几何中，我们研究过角的度量，当时是用"度"作单位来度量角的，请你回顾一下，1°的角是如何定义的？

我们知道，将圆周 $\dfrac{1}{360}$ 所对的圆心角叫作 **1 度角**，记作 1°. 1 度等于 60 分（1°＝60′），1 分等于 60 秒（1′＝60″）. 以度为单位来度量角的单位制叫作**角度制**.

因为度、分、秒采用的是 60 进位制，所以在角度制下，计算两个角的加、减运算时，经常会带来单位转换上的麻烦.

是否还有其他度量角的方法呢？

趣味知识

古代人要研究昼夜的变化，观察地球的自转，这样就将地球自转和角度与时间联系在一起了. 由于历法需要的精确度较高，需要比时间的单位"小时"、角度的单位"度"更小的单位，并且要求这个单位能够使得上一级单位的 $\dfrac{1}{2}, \dfrac{1}{3}, \dfrac{1}{4}, \dfrac{1}{5}, \dfrac{1}{6}$ 等都能成为这个单位的整数倍. 这样就选择了小时（或度）的 $\dfrac{1}{60}$ 作为单位，叫作分，再下一级单位为分的 $\dfrac{1}{60}$，叫作秒，一直沿用至今.

新知识

在数学和科学研究中,经常使用另一种方法来度量角.把等于半径长的圆弧所对的圆心角(见图 4-8)叫作 **1 弧度的角**,记作 1 弧度或 1 rad.以弧度为单位来度量角的单位制叫作**弧度制**.

若圆的半径为 r,则长为 $2r$ 的圆弧所对的圆心角为 2 rad(见图 4-9).

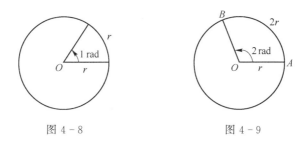

图 4-8　　　　　　图 4-9

正角的弧度为正数,负角的弧度为负数,零角的弧度为零.这样,角的集合的元素与实数之间建立了一一对应关系,为把角引到坐标系中研究创造了条件.

由于历史原因,角度制已被广泛应用,所以需要找到角度制与弧度制之间的换算关系.由定义可以知道,当角 α 用弧度表示时,其绝对值等于圆弧长 l 与半径 r 的比,即

$$|\alpha| = \frac{l}{r}(\text{rad}). \tag{4.2}$$

半径为 r 的圆的周长为 $2\pi r$,故周角的弧度为

$$\frac{2\pi r}{r}(\text{rad}) = 2\pi(\text{rad}).$$

由此得到两种单位制之间的转换关系:

$$360° = 2\pi(\text{rad}),$$

即

$$180° = \pi(\text{rad}).$$

因此角度与弧度的转换公式为:

$$1° = \frac{\pi}{180}(\text{rad}) \approx 0.017\,45(\text{rad}). \tag{4.3}$$

$$1(\text{rad}) = \left(\frac{180}{\pi}\right)° \approx 57.3° = 57°18'. \tag{4.4}$$

今后用弧度制表示角的大小时,在不至于产生误解的情况下,通常可以省略单位"弧度"或"rad"的书写.例如:1(rad)、2(rad)、$\frac{\pi}{2}$(rad),可以分别写作 1、2、$\frac{\pi}{2}$.

表 4-1 给出了一些常用特殊角的弧度与角度之间的转换.

表 4-1

角度	0°	30°	45°	60°	90°	180°	270°	360°
弧度	0	$\frac{\pi}{6}$	$\frac{\pi}{4}$	$\frac{\pi}{3}$	$\frac{\pi}{2}$	π	$\frac{3\pi}{2}$	2π

知识巩固

例1 把下列各角由角度转换为弧度:

(1) $15°$;　　(2) $8°30'$;　　(3) $-100°$.

解 (1) $15° = 15 \times \dfrac{\pi}{180} = \dfrac{\pi}{12}$;

(2) $8°30' = 8.5° = 8.5 \times \dfrac{\pi}{180} = \dfrac{17\pi}{360}$;

(3) $-100° = -100 \times \dfrac{\pi}{180} = -\dfrac{5\pi}{9}$.

例2 把下列各角由弧度转换为角度:

(1) $\dfrac{3\pi}{5}$;　　(2) 2.1;　　(3) -3.5.

解 (1) $\dfrac{3\pi}{5} = \dfrac{3\pi}{5} \times \left(\dfrac{180}{\pi}\right)° = 108°$;

(2) $2.1 = 2.1 \times \left(\dfrac{180}{\pi}\right)° = \left(\dfrac{378}{\pi}\right)°$;

(3) $-3.5 = -3.5 \times \left(\dfrac{180}{\pi}\right)° = -\left(\dfrac{630}{\pi}\right)°$.

计算器使用

利用 CASIO $fx-82ES\ PLUS$ 计算器进行三角计算时,除了要设定计算状态与精确度之外,还要设定角度计算模式或弧度计算模式. 步骤为:按键 Shift → 键 MOOE,继续按键数字 3 选择角度制,按键数字 4 选择弧度制.

角度单位的输入使用 °'" 键,如输入 $5°2'3''$ 时依次按键 5、°'"、2、°'"、3、°'".

> **试一试**
> 利用计算器,计算例1(精确到 0.001)与例2(精确到 $1'$).

利用 °'" 键,还可以进行度与分、秒的转换. 如前面输入 $5°2'3''$ 按键 =,显示 $5°2'3''$,再按 °'" 键,显示 $5.034\ 2$,表示 $5.034\ 2°$,再按 °'" 键,又显示 $5°2'3''$.

利用 Ans 键可以非常方便地进行角度制与弧度制的转换.

由角度转换成弧度时,首先将计算器设为弧度状态,设置精确度,并输入角度,然后依次按键 Shift → 键 Ans → 键 1 → 键 =. 如输入 $55°18'46''$,依步骤可转换为 $0.965\ 4$ 弧度(精确度设为 $0.000\ 1$).

将弧度转换成角度时,首先将计算器设为角度状态,设置精确度,并输入弧度,然后依次按键 Shift → 键 Ans → 键 2 → 键 =. 如输入 $\dfrac{3\pi}{5}$,依步骤可转换为 $108°$.

练习 4.2.1

1. 把下列各角由角度转换为弧度(口答)：
   $180°=$ _____； $90°=$ _____； $45°=$ _____；
   $15°=$ _____； $60°=$ _____； $30°=$ _____；
   $120°=$ _____； $270°=$ _____．

2. 把下列各角由弧度转换为角度(口答)：
   $\pi=$ _____； $\dfrac{\pi}{2}=$ _____； $\dfrac{\pi}{4}=$ _____；
   $\dfrac{\pi}{8}=$ _____； $\dfrac{2\pi}{3}=$ _____； $\dfrac{\pi}{3}=$ _____；
   $\dfrac{\pi}{6}=$ _____； $\dfrac{\pi}{12}=$ _____．

3. 把下列各角由角度转换为弧度：
   (1) $75°$； (2) $-240°$； (3) $105°$； (4) $67°30'$．

4. 把下列各角由弧度转换为角度：
   (1) $\dfrac{\pi}{15}$； (2) $\dfrac{2\pi}{5}$； (3) $-\dfrac{4\pi}{3}$； (4) -6π．

5. 圆内一条弦的长度等于半径的长度，其所对的圆心角是不是1弧度的角？该圆心角等于多少度？将其转换为弧度．

6. 经过1 h，钟表的时针和分针各转过了多少度？将其转换为弧度．

4.2.2 应用举例

知识巩固

例3 设某机械采用齿轮传动，由主动轮 A 带着从动轮 B 转动（见图 4-10）．设主动轮 A 的直径为 100 mm，从动轮 B 的直径为 200 mm．问：主动轮 A 旋转 $\dfrac{2\pi}{5}$，从动轮 B 旋转的角是多少？

解 我们知道，在传动过程中，相同时间内主动轮与从动轮所转过的弧长是相等的．主动轮 A 旋转 $\dfrac{2\pi}{5}$，所以，转过的弧长为

$$50 \times \dfrac{2\pi}{5} = 20\pi \text{(mm)}.$$

从动轮 B 转过的角就等于

$$\dfrac{20\pi}{100} = \dfrac{\pi}{5}.$$

答 主动轮旋转 $\dfrac{2\pi}{5}$，从动轮旋转 $\dfrac{\pi}{5}$．

例4 求如图 4-11 所示的公路弯道部分 $\overset{\frown}{AB}$ 的长 l（单位 m，精确到 0.1 m）．

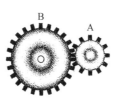

图 4-10

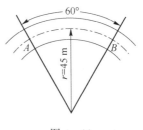

图 4-11

分析 由公式(4.2),可以得到 $l=|\alpha|r$. 这样只要知道圆心角(用弧度表示)和半径,就可以方便地求出弧长.

解 $60°$ 转换为 $\dfrac{\pi}{3}$ 弧度,因此

$$l=|\alpha|r=\dfrac{\pi}{3}\times 45\approx 3.142\times 15\approx 47.1 (\text{m}).$$

答 弯道部分 $\overset{\frown}{AB}$ 的长 l 约为 47.1 m.

练习 4.2.2

1. 填空题(精确到 1 cm):

   (1) 若扇形的半径为 10 cm, 圆心角为 $60°$, 则该扇形的弧长 $l=$ _____;

   (2) 已知 $1°$ 的圆心角所对的弧长为 1 cm, 那么这个圆的半径是 _____ cm;

   (3) 半径为 2 的圆中, 长为 6 的弧所对的圆心角的弧度为 _____;

   (4) 3 弧度的角终边在第 _____ 象限, $\dfrac{7\pi}{5}$ 弧度的角终边在第 _____ 象限.

2. 自行车行进时, 车轮在 1 min 内转过了 96 圈. 若车轮的半径为 0.33 m, 则自行车 1 h 前进了多少米(精确到 1 m)?

习题 4.2

A 组

1. 填空题:

   (1) 填表(在空格内填上适当的角度或弧度):

角度	$0°$	$15°$				$90°$	$120°$	$135°$
弧度			$\dfrac{\pi}{6}$	$\dfrac{\pi}{4}$	$\dfrac{\pi}{3}$			
角度			$225°$	$240°$	$270°$			
弧度	$\dfrac{5\pi}{6}$	π				$\dfrac{5\pi}{3}$	$\dfrac{11\pi}{6}$	2π

(2) 设半径为 2,圆心角 α 所对的弧长为 5,则 α＝_____.

2. 把下列各角由角度换算为弧度:
   (1) $-140°$；　(2) $735°$.

3. 把下列各角由弧度换算为角度:
   (1) $\dfrac{5\pi}{8}$；　(2) 2.718.

4. 已知 200° 的圆心角所对的圆弧长是 50 cm,求圆的半径(精确到 0.1 cm).

5. 电动机转子 1 s 内旋转 100π 弧度,问:转子每分钟旋转多少周?

6. 已知一段公路的弯道半径是 30 m,转过的圆心角是 120°,求该弯道的长度(精确到 1 m).

B 组

1. 某种蒸汽机上的飞轮直径为 1.2 m,每分钟按逆时针方向旋转 300 转,求:
   (1) 飞轮每分钟转过的弧度数;
   (2) 飞轮圆周上的一点每秒钟经过的弧长.

2. 如图所示,已知两个皮带轮的半径分别是 R、$r(R>r)$,$O'E\perp OA$,$\angle OO'E=\alpha$. 试求联结两个皮带轮的皮带长.

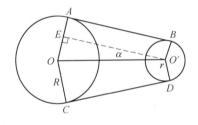

(第 2 题图)

4.3　任意角的三角函数

4.3.1　任意角的三角函数的概念

知识回顾

在初中,我们学习了锐角三角函数,它们是在直角三角形中以锐角为自变量、以边长的比值为函数值的函数. 如图 4-12 所示,在直角 $\triangle ABC$ 中,定义

$$\sin\alpha=\dfrac{a}{c}=\dfrac{\text{角 }\alpha\text{ 的对边}}{\text{角 }\alpha\text{ 的斜边}},\cos\alpha=\dfrac{b}{c}=\dfrac{\text{角 }\alpha\text{ 的邻边}}{\text{角 }\alpha\text{ 的斜边}},$$

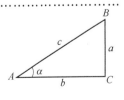

图 4-12

$$\tan\alpha = \frac{a}{b} = \frac{\text{角}\alpha\text{的对边}}{\text{角}\alpha\text{的邻边}}.$$

勾股定理：
$$a^2 + b^2 = c^2$$

将直角△ABC放在直角坐标系中，使得点A与坐标原点重合，AC边在x轴的正半轴上(见图4-13)．设点P(即顶点B)的坐标为(x, y)，r为角终边上的点P到坐标原点的距离，则$r = \sqrt{x^2 + y^2}$．于是，上面的三角函数定义可以写作

$$\sin\alpha = \frac{y}{r}, \cos\alpha = \frac{x}{r}, \tan\alpha = \frac{y}{x}.$$

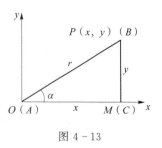

图4-13

新知识

一般地，设α是平面直角坐标系中的一个任意角，点$P(x, y)$为角α终边上的任意一点，点P到原点的距离$r = \sqrt{x^2 + y^2} > 0$(见图4-14)，那么角α的正弦、余弦、正切分别定义为

$$\boldsymbol{\sin\alpha = \frac{y}{r}, \cos\alpha = \frac{x}{r}, \tan\alpha = \frac{y}{x}}. \quad (4.5)$$

对每一个确定的α值，其正弦、余弦及正切(当$x \neq 0$时)都分别对应一个确定的比值．因此，正弦、余弦及正切都是以α为变量的函数，分别叫作正弦函数、余弦函数及正切函数，它们都是**三角函数**．

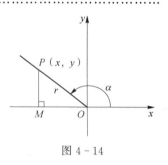

图4-14

思考

1. 比值"$\frac{y}{r}$"与初中学过的"对边比斜边"有什么区别与联系？

2. 对所有角α，比值$\frac{y}{r}$、$\frac{x}{r}$、$\frac{y}{x}$都有意义吗？

由三角函数的定义可知：在弧度制下，三角函数的定义域如表4-2所示．

表4-2

三角函数	定义域
$\sin\alpha$	**R**
$\cos\alpha$	**R**
$\tan\alpha$	$\{\alpha \mid \alpha \neq \frac{\pi}{2} + k\pi, k \in \mathbf{Z}\}$

在弧度制下，α的度量值是一个实数，因此，三角函数是以实数为自变量的函数．

知识巩固

例1 已知角α的终边经过点$P(2, -3)$(见图4-15)，求角α的正弦值、余弦值、正切值．

分析 已知角 α 终边上一点 P 的坐标,求角 α 的某个三角函数值时,首先要根据关系式 $r=\sqrt{x^2+y^2}$,求出点 P 到坐标原点的距离 r,然后根据三角函数定义进行计算.

解 因为 $x=2, y=-3$,所以 $r=\sqrt{2^2+(-3)^2}=\sqrt{13}$,因此

$$\sin\alpha=\frac{y}{r}=\frac{-3}{\sqrt{13}}=-\frac{3\sqrt{13}}{13}, \cos\alpha=\frac{x}{r}=\frac{2}{\sqrt{13}}=\frac{2\sqrt{13}}{13},$$

$$\tan\alpha=\frac{y}{x}=-\frac{3}{2}.$$

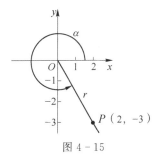

图 4-15

练习 4.3.1

1. 已知角 α 的终边上的点 P 的坐标如下,分别求出角 α 的正弦值、余弦值、正切值.
   (1) $P(3,-4)$；　　(2) $P(-1,2)$；　　(3) $P\left(\dfrac{1}{2},-\dfrac{\sqrt{3}}{2}\right)$.

2. 若角 α 的终边在 y 轴的正半轴上,则 $\sin\alpha=$(　　).
   A. 0　　　　B. 1　　　　C. -1　　　　D. 2

3. 若角 α 的终边过点 $P(-1,\sqrt{3})$,则 $\cos\alpha=$(　　).
   A. $\dfrac{1}{2}$　　B. $-\dfrac{\sqrt{3}}{2}$　　C. $-\dfrac{1}{2}$　　D. $\dfrac{\sqrt{3}}{2}$

4. 若角 α 的终边过点 $P(3,-4)$,则 $\sin\alpha=$(　　).
   A. $\dfrac{3}{5}$　　B. $\dfrac{4}{5}$　　C. $-\dfrac{3}{5}$　　D. $-\dfrac{4}{5}$

5. 若角 α 的终边过点 $P(-1,1)$,则 $\cos\alpha=$(　　).
   A. $\dfrac{\sqrt{2}}{2}$　　B. $-\dfrac{\sqrt{3}}{2}$　　C. $-\dfrac{\sqrt{2}}{2}$　　D. $\dfrac{\sqrt{3}}{2}$

4.3.2 各象限角的三角函数值的正负号

问题

对于不同象限的角,它们的三角函数值的符号如何变化呢?

新知识

由于 $r>0$,因此三角函数值的正负号由终边上点 P 的坐标的符号来确定:第一、二象限的角的正弦值 $\dfrac{y}{r}$ 是正的($y>0, r>0$),第三、四象限的角的正弦值是负的($y<0, r>0$);第一、四象限的角的余弦值 $\dfrac{x}{r}$ 是正的($x>0, r>0$),第二、三象限的角的余弦值是负的($x<0, r>0$);第一、三象限的角的正切值 $\dfrac{y}{x}$ 是正的(x、y 同号),第二、四象限的角的正切值 $\dfrac{y}{x}$ 是负的(x、y 异号).

将点 $P(x,y)$ 的坐标与各象限角三角函数值的正负号列表(见表 4-3).

表 4-3

α 所在的象限	点 P 的坐标		$\sin\alpha=\dfrac{y}{r}$	$\cos\alpha=\dfrac{x}{r}$	$\tan\alpha=\dfrac{y}{x}$
	x	y			
第一象限	+	+	+	+	+
第二象限	−	+	+	−	−
第三象限	−	−	−	−	+
第四象限	+	−	−	+	−

为了便于记忆,我们将 $\sin\alpha$、$\cos\alpha$、$\tan\alpha$ 的正负号标在各象限内,如图 4-16 所示.

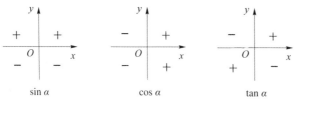

图 4-16

想一想

在第一象限,$\sin\alpha$、$\cos\alpha$、$\tan\alpha$ 的值全为正,在第二象限哪个三角函数值为正?第三、四象限呢?

知识巩固

例 2 确定下列三角函数值的符号:

(1) $\sin\left(-\dfrac{\pi}{4}\right)$;   (2) $\cos 250°$;   (3) $\tan\left(-\dfrac{11\pi}{6}\right)$.

解 (1) 因为 $-\dfrac{\pi}{4}$ 是第四象限的角,所以 $\sin\left(-\dfrac{\pi}{4}\right)<0$;

(2) 因为 $250°$ 是第三象限的角,所以 $\cos 250°<0$;

(3) 因为 $-\dfrac{11\pi}{6}=-2\pi+\dfrac{\pi}{6}$ 是第一象限的角,所以 $\tan\left(-\dfrac{11\pi}{6}\right)>0$.

例 3 确定下列角的各三角函数的正负号:

(1) $4\,327°$;   (2) $\dfrac{27\pi}{5}$.

分析 确定任意角三角函数值的正负号时,首先要确定角所在的象限.

解 (1) 因为 $4\,327°=7°+12\times 360°$,所以 $4\,327°$ 角为第一象限的角,故 $\sin 4\,327°>0$,$\cos 4\,327°>0$,$\tan 4\,327°>0$;

(2) 因为 $\dfrac{27\pi}{5}=2\times 2\pi+\dfrac{7\pi}{5}$,所以 $\dfrac{27\pi}{5}$ 角为第三象限的角,故 $\sin\dfrac{27\pi}{5}<0$,$\cos\dfrac{27\pi}{5}<0$,$\tan\dfrac{27\pi}{5}>0$.

例 4 根据 $\sin\theta<0$ 且 $\tan\theta<0$,确定 θ 是第几象限的角.

分析 分别由条件 $\sin\theta<0$ 和条件 $\tan\theta<0$ 确定角 θ 的取值范围,然后取公共部分.

解 由 $\sin\theta<0$ 知,θ 可能是第三、四象限的角或终边在 y 轴的负半轴上的界限角;由 $\tan\theta<0$ 知,θ 可能是第二、四象限的角. 所以,θ 为第四象限的角.

练习 4.3.2

1. 确定下列三角函数值的符号:

   (1) $\cos\dfrac{2\pi}{3}$;　　(2) $\sin\left(-\dfrac{4\pi}{3}\right)$;　　(3) $\tan 550°$.

2. 确定下列角的各三角函数值的正负号:

   (1) $525°$;　　(2) $-235°$;　　(3) $\dfrac{19\pi}{6}$;　　(4) $-\dfrac{3\pi}{4}$.

3. 根据 $\sin\theta>0$ 且 $\tan\theta<0$,确定 θ 是第几象限的角.

4.3.3 特殊角的三角函数值

1. 特殊锐角的三角函数值

锐角三角函数的定义是在 $Rt\triangle ABC$ 中,设 $\angle A$、$\angle B$、$\angle C$ 的对边分别为 a、b、c,则 $\sin A=\dfrac{a}{c}$,$\sin B=\dfrac{b}{c}$,$\tan A=\dfrac{a}{b}$.

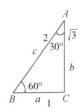

若取 $a=1$,$c=2$,则 $b=\sqrt{3}$(见图 4-17),所以 $\angle A=30°$,$\angle B=60°$.

$\sin 30°=\dfrac{1}{2}$,$\cos 30°=\dfrac{\sqrt{3}}{2}$,$\tan 30°=\dfrac{\sqrt{3}}{3}$,$\sin 60°=\dfrac{\sqrt{3}}{2}$,$\cos 60°=\dfrac{1}{2}$,$\tan 60°=\sqrt{3}$.

若取 $a=1$,$b=1$,则 $c=\sqrt{2}$(见图 4-17),
所以 $\angle A=\angle B=45°$.

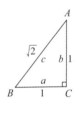

$\sin 45°=\dfrac{\sqrt{2}}{2}$,$\cos 45°=\dfrac{\sqrt{2}}{2}$,$\tan 45°=1$,为方便记忆,具体如表 4-4 所示.

图 4-17

表 4-4

A	$\sin A$	$\cos A$	$\tan A$
$30°$	$\dfrac{1}{2}$	$\dfrac{\sqrt{3}}{2}$	$\dfrac{\sqrt{3}}{3}$
$45°$	$\dfrac{\sqrt{2}}{2}$	$\dfrac{\sqrt{2}}{2}$	1
$60°$	$\dfrac{\sqrt{3}}{2}$	$\dfrac{1}{2}$	$\sqrt{3}$

2. 界限角的三角函数值

由于零角的终边与 x 轴的正半轴重合,并且 r 为点 P 到坐标原点的距离,因此对于角终边上的任意点 $P(x,y)$ 都有 $r=x$,$y=0$. 因此,利用三角函数的定义,有

$$\sin 0=\dfrac{y}{r}=\dfrac{0}{r}=0,\quad \cos 0=\dfrac{x}{r}=\dfrac{r}{r}=1,\quad \tan 0=\dfrac{y}{x}=\dfrac{0}{x}=0.$$

同样,还可以得到 0、$\dfrac{\pi}{2}$、π、$\dfrac{3\pi}{2}$、2π 等界限角的三角函数值的情况.(见表 4-5)

表 4-5

α	0	$\frac{\pi}{2}$	π	$\frac{3\pi}{2}$	2π
sin α	0	1	0	−1	0
cos α	1	0	−1	0	1
tan α	0	不存在	0	不存在	0

知识巩固

例 5 求 $\sin\frac{\pi}{3}+\cos\frac{\pi}{3}+\tan\frac{\pi}{3}$ 的值.

解 $\sin\frac{\pi}{3}+\cos\frac{\pi}{3}+\tan\frac{\pi}{3}=\frac{\sqrt{3}}{2}+\frac{1}{2}+\sqrt{3}=\frac{1+3\sqrt{3}}{2}$.

例 6 求值：$5\cos 180°-3\sin 90°+2\tan 0-6\sin 270°$.

解 $5\cos 180°-3\sin 90°+2\tan 0-6\sin 270°$
$=5\times(-1)-3\times 1+1\times 0-6\times(-1)$
$=-2$.

练习 4.3.3

1. 计算：$\sin 30°+\cos 30°+\tan 30°$.

2. 计算：$5\sin 90°-2\cos 0+\sqrt{3}\tan 180°+\cos 180°$.

3. 计算：$\cos\frac{\pi}{2}-\tan 0+\frac{1}{3}\tan^2\pi-\sin\frac{3\pi}{2}+\cos\pi$.

4. $a^2\cdot\sin\frac{\pi}{2}-2ab\cdot\cos\pi-b^2\sin\frac{3\pi}{2}+a\cdot\tan 0-b\cdot\tan\pi=$ _____.

习题 4.3

A 组

1. 选择题：

(1) 已知角 α 的终边经过点 $\left(\frac{1}{2},-\frac{\sqrt{2}}{2}\right)$，则 tan α 的值是（　　）.

  A. $\frac{1}{2}$ B. $-\frac{\sqrt{2}}{2}$ C. $-\frac{\sqrt{3}}{2}$ D. $-\sqrt{2}$

(2) 下列各三角函数值中为负值的是（　　）.

A. $\sin 1100°$ B. $\cos(-3000°)$ C. $\tan(-115°)$ D. $\tan\dfrac{5\pi}{4}$

(3) 设 $\sin\alpha<0$，$\tan\alpha>0$，则角 α 是(　　).

　　A. 第一象限的角　　　　　　B. 第二象限的角
　　C. 第三象限的角　　　　　　D. 第四象限的角

(4) 若 $2\sin\theta=-3\cos\theta$，则角 θ 的终边可能在(　　).

　　A. 第一、二象限　　　　　　B. 第一、三象限
　　C. 第二、四象限　　　　　　D. 第二、三象限

2. 计算：

(1) $3\sin 270°+2\cos 180°-\cos 90°+\sqrt{3}\tan 0$；

(2) $5\sin\dfrac{\pi}{2}+2\cos 0-\dfrac{4}{5}\tan\pi-\dfrac{2}{3}\sin\dfrac{3\pi}{2}+4\tan 2\pi$.

3. 确定下列角的各三角函数值的正负号：

(1) $-\dfrac{5\pi}{7}$；　(2) $\dfrac{8\pi}{3}$；　(3) $-26°$；　(4) $850°$.

4. 根据下列条件确定 α 是第几象限的角：

(1) $\sin\alpha>0$ 且 $\cos\alpha<0$；

(2) $\tan\alpha<0$ 且 $\cos\alpha<0$.

5. 计算：$2\sin 0\cos\dfrac{\pi}{2}+3\tan\pi\cot\dfrac{3}{2}\pi+5\sin\dfrac{\pi}{2}\cos 2\pi$.

6. 已知 α 是第二象限的角，并且终边在直线 $y=-x$ 上，求 α 的正弦和正切的值.

B 组

1. 设 $\cos\alpha<0$ 且 $\tan\alpha\leqslant 0$，确定角 α 终边的位置.

2. 设 $\tan\alpha=1$，且 α 为第一象限的角，求 $\sin\alpha$ 与 $\cos\alpha$.

4.4　同角三角函数的基本关系

4.4.1　同角三角函数的基本关系式

问题

当角 α 确定后，α 的正弦、余弦、正切值也随之确定，它们之间有何关系？

新知识

根据正弦、余弦、正切函数的定义，

$$\sin^2\alpha + \cos^2\alpha = \left(\frac{y}{r}\right)^2 + \left(\frac{x}{r}\right)^2 = \frac{y^2+x^2}{r} = \frac{r^2}{r^2} = 1.$$

当 $\alpha \neq \frac{\pi}{2} + k\pi (k \in \mathbf{Z})$ 时,

$$\tan\alpha = \frac{y}{x} = \frac{\frac{y}{r}}{\frac{x}{r}} = \frac{\sin\alpha}{\cos\alpha}.$$

由此可得下列同角三角函数之间的基本关系:

平方关系: $\qquad\qquad \sin^2\alpha + \cos^2\alpha = 1.$ \hfill (4.6)

商的关系: $\qquad\qquad \tan\alpha = \frac{\sin\alpha}{\cos\alpha}.$ \hfill (4.7)

式(4.6)是同角的正弦函数与余弦函数之间的平方关系,式(4.7)是同角的三角函数之间的商数关系.利用它们可以由一个已知的三角函数值,求出其他各三角函数值.

知识巩固

例1 已知 $\sin\alpha = \frac{4}{5}$,且 α 是第二象限的角,求 $\cos\alpha$ 和 $\tan\alpha$ 的值.

分析 知道正弦函数值,可以利用平方关系,求出余弦函数值;然后利用商数关系,求出正切函数值.

解 由 $\sin^2\alpha + \cos^2\alpha = 1$,可得

$$\cos\alpha = \pm\sqrt{1-\sin^2\alpha}.$$

又因为 α 是第二象限的角,故 $\cos\alpha < 0$,所以

$$\cos\alpha = -\sqrt{1-\sin^2\alpha} = -\sqrt{1-\left(\frac{4}{5}\right)^2} = -\frac{3}{5};$$

$$\tan\alpha = \frac{\sin\alpha}{\cos\alpha} = \frac{\frac{4}{5}}{-\frac{3}{5}} = -\frac{4}{3}.$$

> **注意**
> 利用平方关系 $\sin^2 + \cos^2 = 1$ 求三角函数值时,需要进行平方运算,所以必须要明确 α 所在的象限.

例2 已知 $\cos\alpha = \frac{1}{2}$,且 α 是第四象限的角,求 $\sin\alpha$ 和 $\tan\alpha$ 的值.

解 由 $\sin^2\alpha + \cos^2\alpha = 1$,可得

$$\sin\alpha = \pm\sqrt{1-\cos^2\alpha}.$$

又因为 α 是第四象限角,故 $\sin\alpha < 0$,所以

$$\sin\alpha = -\sqrt{1-\cos^2\alpha} = -\sqrt{1-\left(\frac{1}{2}\right)^2} = -\frac{\sqrt{3}}{2};$$

$$\tan\alpha = \frac{\sin\alpha}{\cos\alpha} = \frac{-\frac{\sqrt{3}}{2}}{\frac{1}{2}} = -\sqrt{3}.$$

练习 4.4.1

1. 已知 $\cos \alpha = -\dfrac{4}{5}$，且 α 为第三象限的角，求 $\sin \alpha$、$\tan \alpha$ 的值．

2. 已知 $\sin \alpha = -\dfrac{3}{5}$，且 α 是第三象限的角，求 $\cos \alpha$、$\tan \alpha$ 的值．

3. 已知 $\sin \alpha = -\dfrac{1}{2}$，求 $\sin \alpha$、$\tan \alpha$ 的值．

4. 已知 $\sin \alpha = \dfrac{12}{13}$，且 α 是第二象限的角，求角 α 的余弦和正切的值．

5. 已知 $\tan \alpha = -\dfrac{4}{3}$，且 α 是第四象限的角，求角 α 的正弦和余弦的值．

*4.4.2 含有三角函数的式子的求值与化简

知识巩固

例 3 已知 $\tan \alpha = 2$，求 $\dfrac{3\sin \alpha + 4\cos \alpha}{2\sin \alpha - \cos \alpha}$ 的值．

分析 利用已知条件，求含有三角函数的式子的值，基本方法有两种：一种是将所求三角函数式用已知量 $\tan \alpha$ 来表示；另一种是由 $\tan \alpha = 2$ 得到 $\sin \alpha = 2\cos \alpha$，代入所求三角函数式进行化简求值．

解 1 由已知 $\tan \alpha = 2$ 得 $\dfrac{\sin \alpha}{\cos \alpha} = 2$，即 $\sin \alpha = 2\cos \alpha$，所以

$$\dfrac{3\sin \alpha + 4\cos \alpha}{2\sin \alpha - \cos \alpha} = \dfrac{3(2\cos \alpha) + 4\cos \alpha}{2(2\cos \alpha) - \cos \alpha} = \dfrac{10\cos \alpha}{3\cos \alpha} = \dfrac{10}{3}.$$

解 2 由 $\tan \alpha = 2$ 知 $\cos \alpha \neq 0$，所以

$$\dfrac{3\sin \alpha + 4\cos \alpha}{2\sin \alpha - \cos \alpha} = \dfrac{3\dfrac{\sin \alpha}{\cos \alpha} + 4}{2\dfrac{\sin \alpha}{\cos \alpha} - 1} = \dfrac{3\tan \alpha + 4}{2\tan \alpha - 1} = \dfrac{6 + 4}{4 - 1} = \dfrac{10}{3}.$$

例 4 已知 α 为第一象限的角，化简 $\sqrt{\dfrac{1}{\cos^2 \alpha} - 1}$．

解 α 为第一象限的角，故 $\tan \alpha > 0$，所以

$$\text{原式} = \sqrt{\dfrac{1 - \cos^2 \alpha}{\cos^2 \alpha}} = \sqrt{\dfrac{\sin^2 \alpha}{\cos^2 \alpha}} = \sqrt{\tan^2 \alpha} = \tan \alpha.$$

练习 4.4.2

1. 已知 $\tan \alpha = 5$，求 $\dfrac{\sin \alpha - 4\cos \alpha}{2\sin \alpha - 3\cos \alpha}$ 的值．

2. 已知 $\sin \alpha - 3\cos \alpha = 0$，求 $\dfrac{\sin \alpha + 2\cos \alpha}{2\sin \alpha - \cos \alpha}$ 的值．

3. 化简：

(1) $\dfrac{\sin\alpha - \cos\alpha}{\tan\alpha - 1}$;　　(2) $\tan\alpha\sqrt{1-\sin^2\alpha}$ (α 为第一象限的角).

习题 4.4

A 组

1. 选择题：

   (1) 已知角的终边上一点的坐标为 $\left(-\dfrac{\sqrt{3}}{2}, \dfrac{1}{2}\right)$，则 α 是（　　）.

   　A. 第一象限的角　　　　　　B. 第二象限的角
   　C. 第三象限的角　　　　　　D. 第四象限的角

   (2) 设 θ 是第三象限的角，则点 $P(\cos\theta, \tan\theta)$ 在（　　）.

   　A. 第一象限　　　　　　　　B. 第二象限
   　C. 第三象限　　　　　　　　D. 第四象限

   (3) 设 $\sin\theta > 0$，$\tan\theta < 0$，则 $\sqrt{1-\sin^2\theta} = $（　　）.

   　A. $\cos\theta$　　　　　　　　B. $\tan\theta$
   　C. $-\cos\theta$　　　　　　　D. $\pm\cos\theta$

   (4) 若角 α 的终边过点 $P(-1,\sqrt{3})$，则 $\sin\alpha = $（　　）.

   　A. $-\dfrac{1}{2}$　　　　　　　　B. $-\dfrac{\sqrt{3}}{2}$
   　C. $\dfrac{1}{2}$　　　　　　　　D. $\dfrac{\sqrt{3}}{2}$

2. 已知 $\cos\alpha = -\dfrac{1}{2}$，且 α 是第三象限的角，求 $\sin\alpha$ 和 $\tan\alpha$.

3. 已知 $\sin\alpha = -\dfrac{3}{5}$，且 α 是第四象限的角，求 $\cos\alpha$ 和 $\tan\alpha$.

4. 已知 $\sin\alpha = \dfrac{4}{5}$，求 $\cos\alpha$ 和 $\tan\alpha$.

5. 已知 $\tan\alpha = 2$，求 $\dfrac{2\sin\alpha + \cos\alpha}{\sin\alpha + 3\cos\alpha}$ 的值.

B 组

1. 已知 $\tan\alpha = 3$，求下列各式的值：

   (1) $\dfrac{\sin\alpha - \cos\alpha}{3\sin\alpha + 4\cos\alpha}$;　　(2) $\dfrac{1}{1+\sin\alpha} + \dfrac{1}{1-\sin\alpha}$.

2. 化简：

   (1) $(1+\cos\alpha)(1-\cos\alpha)$;　　(2) $\dfrac{\sin\alpha}{\sqrt{1-\sin^2\alpha}}$ (α 为第二象限的角).

4.5 诱导公式

4.5.1 α + k·360°(k∈Z)的诱导公式

问题

30°角与390°角是终边相同的角,sin 30°与sin 390°之间具有什么关系?

新知识

由于30°角与390°角的终边相同,根据任意角三角函数的定义可以得到 sin 30° = sin 390°.

在直角坐标系中,以坐标原点为圆心,单位长度为半径的圆叫单位圆.下面我们在单位圆中来研究同角三角函数的诱导公式.在单位圆中(见图4-18),可以看到,由于角 α 的终边与单位圆的交点为 $P(\cos \alpha, \sin \alpha)$,当终边旋转 $k·360°(k\in Z)$ 时,点 $P(\cos \alpha, \sin \alpha)$ 又回到原来的位置,所以 α 的各三角函数值并不发生变化.由此得到结论:**终边相同角的同名三角函数值相同**.即当 $k\in Z$ 时,有

$$\sin(\alpha + k·360°) = \sin \alpha,$$
$$\cos(\alpha + k·360°) = \cos \alpha, \quad (一)$$
$$\tan(\alpha + k·360°) = \tan \alpha.$$

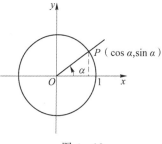

图 4-18

利用式(一),可以把任意角的三角函数转化为 0°~360° 范围内角的三角函数.

知识巩固

例1 求下列各三角函数值:

(1) $\cos \dfrac{9\pi}{4}$; (2) $\sin 780°$; (3) $\tan\left(-\dfrac{11\pi}{6}\right)$; (4) $\sin(-690°)$.

分析 利用式(一)将任意角的三角函数转化为 $[0, 2\pi]$ 上的角的三角函数.

解 (1) $\cos \dfrac{9\pi}{4} = \cos\left(\dfrac{\pi}{4} + 2\pi\right) = \cos \dfrac{\pi}{4} = \dfrac{\sqrt{2}}{2}$;

(2) $\sin 780° = \sin(60° + 2\times 360°) = \sin 60° = \dfrac{\sqrt{3}}{2}$;

(3) $\tan\left(-\dfrac{11\pi}{6}\right) = \tan\left[\dfrac{\pi}{6} + (-1)\times 2\pi\right] = \tan \dfrac{\pi}{6} = \dfrac{\sqrt{3}}{3}$;

(4) $\sin(-690°) = \sin[30° + (-2)\times 360°] = \sin 30° = \dfrac{1}{2}$.

练习 4.5.1

求下列各三角函数值:

(1) $\cos\dfrac{7\pi}{3}$;　　(2) $\sin 750°$;　　(3) $\tan\dfrac{19\pi}{3}$;　　(4) $\sin\dfrac{13\pi}{6}$;　　(5) $\cos\left(-\dfrac{23\pi}{4}\right)$.

4.5.2　$-\alpha$ 的诱导公式

问题

$30°$ 角与 $-30°$ 角的终边关于 x 轴对称,那么 $\sin 30°$ 与 $\sin(-30°)$ 之间具有什么关系?

新知识

观察图 4-19,$30°$ 角与 $-30°$ 角的终边与单位圆交于点 $P(\cos 30°, \sin 30°)$,$P'[\cos(-30°), \sin(-30°)]$,点 P 与 P' 关于 x 轴对称,所以点 P 与点 P' 的横坐标相同,纵坐标互为相反数.由此得到

$$\cos 30° = \cos(-30°),$$
$$\sin 30° = -\sin(-30°).$$

设单位圆与任意角 α、$-\alpha$ 的终边分别相交于点 P 和点 P'(见图 4-20),则点 P 的坐标是 $(\cos\alpha, \sin\alpha)$,点 P' 的坐标是 $[\cos(-\alpha), \sin(-\alpha)]$.因为点 P 与点 P' 关于 x 轴对称,它们的横坐标相同,纵坐标互为相反数,所以

$$\cos(-\alpha) = \cos\alpha,\ \sin(-\alpha) = -\sin\alpha.$$

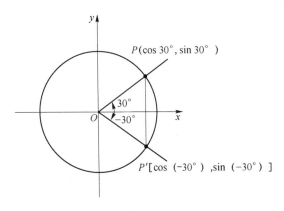

图 4-19

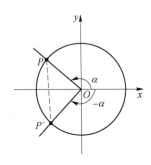

图 4-20

由同角三角函数的关系式知

$$\tan(-\alpha) = \frac{\sin(-\alpha)}{\cos(-\alpha)} = \frac{-\sin\alpha}{\cos\alpha} = -\tan\alpha.$$

于是得到

$$\boldsymbol{\sin(-\alpha) = -\sin\alpha,}$$
$$\boldsymbol{\cos(-\alpha) = \cos\alpha,}$$
$$\boldsymbol{\tan(-\alpha) = -\tan\alpha.}$$

(二)

利用这组公式,可以把负角的三角函数转化为正角的三角函数.

知识巩固

例 2 求下列三角函数值：

(1) $\sin(-60°)$；　　(2) $\cos\left(-\dfrac{19\pi}{3}\right)$；　　(3) $\tan(-30°)$.

解 (1) $\sin(-60°)=-\sin 60°=-\dfrac{\sqrt{3}}{2}$；

(2) $\cos\left(-\dfrac{19\pi}{3}\right)=\cos\dfrac{19\pi}{3}=\cos\left(\dfrac{\pi}{3}+6\pi\right)=\cos\dfrac{\pi}{3}=\dfrac{1}{2}$；

(3) $\tan(-30°)=-\tan 30°=-\dfrac{\sqrt{3}}{3}$.

练习 4.5.2

求下列各三角函数值：

(1) $\tan\left(-\dfrac{\pi}{6}\right)$；　　(2) $\sin(-390°)$；　　(3) $\cos\left(-\dfrac{7\pi}{3}\right)$.

4.5.3　180°±α、360°−α 的诱导公式

问题

观察图 4-21,30°角与 210°角的终边关于坐标原点中心对称,那么 $\sin 30°$ 与 $\sin 210°$ 之间具有什么关系？

新知识

如图 4-20 所示,30°角与 210°角的终边与单位圆交于 $P(\cos 30°,\sin 30°)$, $P'(\cos 210°,\sin 210°)$,可以看到,点 P 与点 P' 关于坐标原点中心对称,它们的横坐标与纵坐标都互为相反数.由此得到,$\cos 30°=-\cos 210°$,$\sin 30°=-\sin 210°$.

设单位圆与任意角 α,$180°+\alpha$ 的终边分别相交于点 P 和点 P'(见图 4-22),则点 P 的坐标是 $(\cos\alpha,\sin\alpha)$,点 P' 的坐标是 $[\cos(180°+\alpha),\sin(180°+\alpha)]$.又因为点 P 和 P' 关于坐标原点中心对称,它们的横坐标互为相反数,并且纵坐标也互为相反数,所以
$$\cos(180°+\alpha)=-\cos\alpha,\sin(180°+\alpha)=-\sin\alpha.$$

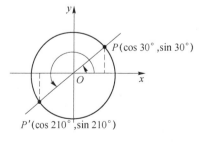

图 4-21

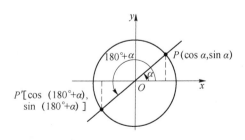

图 4-22

由同角三角函数的关系式知

$$\tan(180°+\alpha)=\frac{\sin(180°+\alpha)}{\cos(180°+\alpha)}=\frac{-\sin\alpha}{-\cos\alpha}=\tan\alpha.$$

于是得到

$$\sin(180°+\alpha)=-\sin\alpha,$$
$$\cos(180°+\alpha)=-\cos\alpha,$$
$$\tan(180°+\alpha)=\tan\alpha.$$

（三）

式（三）可以将$(180°,270°)$范围内的角的三角函数转化为锐角三角函数.

利用式（二）和式（三）可以推出$180°-\alpha$与α的三角函数值之间的关系：

$$\sin(180°-\alpha)=\sin[180°+(-\alpha)]=-\sin(-\alpha)=\sin\alpha,$$
$$\cos(180°-\alpha)=\cos[180°+(-\alpha)]=-\cos(-\alpha)=-\cos\alpha,$$
$$\tan(180°-\alpha)=\tan[180°+(-\alpha)]=\tan(-\alpha)=-\tan\alpha.$$

于是得到

$$\sin(180°-\alpha)=\sin\alpha,$$
$$\cos(180°-\alpha)=-\cos\alpha,$$
$$\tan(180°-\alpha)=-\tan\alpha.$$

（四）

式（四）可以将$(180°,270°)$范围内的角的三角函数转化为锐角的三角函数.

利用式（一）和式（二）还可以得到$360°-\alpha$与α的三角函数关系：

$$\sin(360°-\alpha)=\sin[360°+(-\alpha)]=\sin(-\alpha)=-\sin\alpha,$$
$$\cos(360°-\alpha)=\cos[360°+(-\alpha)]=\cos(-\alpha)=\cos\alpha,$$
$$\tan(360°-\alpha)=\tan[360°+(-\alpha)]=\tan(-\alpha)=-\tan\alpha.$$

于是得到

$$\sin(360°-\alpha)=-\sin\alpha,$$
$$\cos(360°-\alpha)=\cos\alpha,$$
$$\tan(360°-\alpha)=-\tan\alpha.$$

（五）

式（五）可以将$(270°,360°)$范围内的角的三角函数转化为锐角的三角函数，式（一）、式（二）、式（三）、式（四）、式（五）统称为**诱导公式**.利用这些公式可以把任意角的三角函数转化为锐角的三角函数.概括为$\alpha+k\cdot360°(k\in\mathbf{Z})$，$-\alpha$，$180°\pm\alpha$，$360°-\alpha$，其三角函数值等于任意角$\alpha$的同名函数值，前面加上把$\alpha$看成锐角时原函数值的符号.

知识巩固

例3 求下列各三角函数值：

(1) $\cos\dfrac{9\pi}{4}$； (2) $\tan\dfrac{8\pi}{3}$； (3) $\cos930°$； (4) $\sin690°$.

分析 求任意角三角函数值的一般步骤是利用式（一）将其转化为绝对值小于$360°$（或2π）的角的三角函数，然后利用式（二）、式（三）、式（四）、式（五）将其转化为锐角三角函数，最后求出这个锐角三角函数值.

解 (1) $\cos\dfrac{9\pi}{4}=\cos\left(\dfrac{\pi}{4}+2\pi\right)=\cos\dfrac{\pi}{4}=\dfrac{\sqrt{2}}{2}$；

(2) $\tan\dfrac{8\pi}{3} = \tan\left(\dfrac{2\pi}{3}+2\pi\right) = \tan\left(\dfrac{2\pi}{3}\right) = \tan\left(\pi-\dfrac{\pi}{3}\right) = -\tan\dfrac{\pi}{3} = -\sqrt{3}$;

(3) $\cos 930° = \cos(210°+2\times360°) = \cos 210°$
$= \cos(180°+30°) = -\cos 30° = -\dfrac{\sqrt{3}}{2}$;

(4) $\sin 690° = \sin(-30°+2\times360°) = \sin(-30°) = -\sin 30° = -\dfrac{1}{2}$.

*例4 化简 $\dfrac{\sin(\pi-\alpha)\cos(2\pi+\alpha)\sin(\pi-\alpha)\tan(2\pi-\alpha)}{\tan(\pi+\alpha)\sin(2\pi-\alpha)\cos(\pi-\alpha)}$.

分析 首先利用诱导公式将角化为相同的形式,然后利用三角公式或代数方法进行化简.

解 原式 $= \dfrac{\sin\alpha\cdot\cos\alpha\cdot\sin\alpha\cdot(-\tan\alpha)}{\tan\alpha\cdot(-\sin\alpha)\cdot(-\cos\alpha)} = -\sin\alpha$.

练习 4.5.3

1. 求下列各三角函数值：

(1) $\tan 225°$;   (2) $\sin 660°$;   (3) $\cos 495°$;

(4) $\tan\dfrac{11\pi}{3}$;   (5) $\sin\dfrac{17\pi}{3}$;   (6) $\cos\left(-\dfrac{7\pi}{6}\right)$.

2. 化简 $\dfrac{\sin(\pi+\alpha)\cos(\pi-\alpha)}{\cos(-\alpha)\tan(2\pi-\alpha)} = $ _____ .

3. 化简 $\dfrac{\sin(\pi+\alpha)}{\cos(\pi-\alpha)\tan(2\pi-\alpha)} = $ _____ .

*4.5.4 利用计算器求任意角的三角函数值

计算器使用

利用 CASIO $fx-82ES\ PLUS$ 计算器的 $\boxed{\sin}$、$\boxed{\cos}$、$\boxed{\tan}$ 键,可以方便地计算任意角的三角函数值.主要步骤是：设置模式(角度制或弧度制) → 按键 $\boxed{\sin}$ (或键 $\boxed{\cos}$、$\boxed{\tan}$) → 输入角的大小 → 按键 $\boxed{=}$ 显示结果.

知识巩固

例5 利用计算器,求下列各三角函数值(精确到 0.000 1)：

(1) $\sin\left(-\dfrac{5\pi}{7}\right)$;   (2) $\tan 227.6°$;   (3) $\cos\dfrac{3\pi}{5}$;

(4) $\tan 4.5°$;   (5) $\cos 27°22'11''$;   (6) $\sin(-2\ 008°)$.

解 利用计算器依照步骤计算,得

(1) $\sin\left(-\dfrac{5\pi}{7}\right) \approx -0.781\ 8$;   (2) $\tan 227.6° \approx 1.095\ 1$;

(3) $\cos\dfrac{3\pi}{5} \approx -0.309\ 0$;   (4) $\tan 4.5° \approx 4.637\ 3$;

(5) $\cos 27°22'11'' \approx 0.8881$；　　(6) $\sin(-2\,008°) \approx 0.4695$.

习题 4.5

A 组

1. 求下列各三角函数值：

   (1) $\sin 750°$；　　(2) $\cos \dfrac{22\pi}{3}$；　　(3) $\tan\left(-\dfrac{7\pi}{4}\right)$；

   (4) $\sin 900°$；　　(5) $\cos 600°$；　　(6) $\tan 960°$.

2. 计算：$\dfrac{\cos(-45°)\cos 330° \tan 585°}{\tan(-120°)}$.

3. 计算：$\sqrt{1-\cos^2 1\,540°}$.

4. 选择题：

   (1) $\sin 390°$ 的值是（　　）.

   　　A. $\dfrac{1}{2}$　　　　B. $-\dfrac{\sqrt{3}}{2}$　　　　C. $\dfrac{\sqrt{3}}{2}$　　　　D. $-\dfrac{1}{2}$

   (2) $\tan \dfrac{25\pi}{4}$ 的值是（　　）.

   　　A. 1　　　　B. $\sqrt{3}$　　　　C. 0　　　　D. $\dfrac{\sqrt{3}}{3}$

   (3) $\cos 420°$ 的值是（　　）.

   　　A. $\dfrac{\sqrt{3}}{2}$　　　　B. $-\dfrac{\sqrt{3}}{2}$　　　　C. $\dfrac{1}{2}$　　　　D. $-\dfrac{1}{2}$

   (4) $\tan \dfrac{9\pi}{4}$ 的值是（　　）.

   　　A. $\dfrac{\sqrt{3}}{3}$　　　　B. $\sqrt{3}$　　　　C. -1　　　　D. 1

   (5) $\sin 930°$ 的值是（　　）.

   　　A. $-\dfrac{1}{2}$　　　　B. $\dfrac{1}{2}$　　　　C. $\dfrac{\sqrt{3}}{2}$　　　　D. $-\dfrac{\sqrt{3}}{2}$

   (6) $\sin \dfrac{25\pi}{3}$ 的值是（　　）.

   　　A. $-\dfrac{\sqrt{3}}{2}$　　　　B. $\dfrac{\sqrt{3}}{2}$　　　　C. $-\dfrac{1}{2}$　　　　D. $\dfrac{1}{2}$

   (7) $\cos 960°$ 的值是（　　）.

   　　A. $-\dfrac{1}{2}$　　　　B. $-\dfrac{\sqrt{3}}{2}$　　　　C. $\dfrac{\sqrt{3}}{2}$　　　　D. $\dfrac{1}{2}$

   (8) $\cos \dfrac{25\pi}{4}$ 的值是（　　）.

A. $-\dfrac{\sqrt{3}}{2}$ B. $-\dfrac{\sqrt{2}}{2}$ C. $\dfrac{\sqrt{3}}{2}$ D. $\dfrac{\sqrt{2}}{2}$

(9) $\sin 600°$ 的值是( ).

A. $\dfrac{1}{2}$ B. $-\dfrac{1}{2}$ C. $\dfrac{\sqrt{3}}{2}$ D. $-\dfrac{\sqrt{3}}{2}$

(10) $\tan\left(-\dfrac{23\pi}{6}\right)$ 的值是( ).

A. $\sqrt{3}$ B. $-\sqrt{3}$ C. $\dfrac{\sqrt{3}}{3}$ D. $-\dfrac{\sqrt{3}}{3}$

B 组

1. 化简下列各式：

(1) $\dfrac{\cos(\pi-\alpha)\tan(2\pi-\alpha)\tan(\pi-\alpha)}{\sin(\pi+\alpha)}$；

(2) $\dfrac{\sin(2\pi+\alpha)\tan(\pi+\alpha)\tan(\pi-\alpha)}{\cos(\pi+\alpha)\tan(3\pi-\alpha)}$；

(3) $\dfrac{\cos(-\alpha+\pi)\sin(3\pi+\alpha)}{\tan(-2\pi+\alpha)\sin(\alpha-\pi)}$.

2. 设 α 为第一象限的角，且 $\cos\alpha=\dfrac{5}{13}$，求 $\dfrac{2\sin(\alpha-3\pi)-3\cos(-\alpha)}{4\sin(\alpha-5\pi)+9\cos(3\pi+\alpha)}$.

*4.5.5 两角和的三角函数

❓ 问题

研究三角函数时，我们经常遇到这样的问题，已知角 α、β 的三角函数值，如何求出 $\alpha+\beta$，$\alpha-\beta$ 或 2α 的三角函数值？

例如：已知 $45°$ 及 $30°$ 的三角函数值，怎样求 $\cos 75°$ 呢？

✏️ 新知识

下面先引出平面内两点间的距离公式．在初中已经学过数轴上两点间的距离就是求数轴上这两点所表示的两个数的差的绝对值．现在考虑坐标平面内的任意两点 $P_1(x_1,y_1)$，$P_2(x_2,y_2)$，如图 4-23 所示，从点 P_1、P_2 分别作 x 轴的垂线 P_1N_1、P_2N_2，与 x 轴相交于 $N_1(x_1,0)$、$N_2(x_2,0)$；再从 P_1、P_2 分别作 y 轴的垂线 P_1M_1、P_2M_2，与 y 轴交于 $M_1(0,y_1)$、$M_2(0,y_2)$，直线 P_1N_1 与 P_2M_2 相交于点 Q，则

$P_1Q=M_1M_2=|y_2-y_1|$；

$P_2Q=N_2N_1=|x_2-x_1|$.

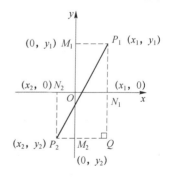

图 4-23

由勾股定理得 $P_1P_2^2=P_1Q^2+P_2Q^2$
$=|y_2-y_1|^2+|x_2-x_1|^2$
$=(y_2-y_1)^2+(x_2-x_1)^2$.

由此得两点间的距离公式

$$|P_1P_2| = \sqrt{(x_2-x_1)^2 + (y_2-y_1)^2}.$$

下面我们运用两点间的距离公式,来探索 $\cos(\alpha+\beta)$ 与 α、β 的三角函数之间的关系.

如图 4-24 所示,在直角坐标系 xoy 中,作单位圆 O,并设 α、β 为任意给定的角,α 角的始边为 ox,交圆 O 于 P_1,终边交圆 O 于 P_2;β 角的始边为 OP_2,终边交圆 O 于 P_3;又 $-\beta$ 角的始边为 OP_4,终边交圆 O 于 P_4,这时 P_1、P_2、P_3、P_4 的坐标分别为 $P_1(1,0)$、$P_2(\cos\alpha,\sin\alpha)$、$P_3[\cos(\alpha+\beta),\sin(\alpha+\beta)]$、$P_4[\cos(-\beta),\sin(-\beta)]$.

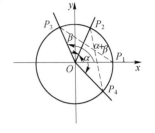

因为 $P_1P_3 = P_2P_4$,由两点间距离公式,得 $[\cos(\alpha+\beta)-1]^2 + \sin^2(\alpha+\beta) = [\cos(-\beta)-\cos\alpha]^2 + [\sin(-\beta)-\sin\alpha]^2$.

展开整理后得两角和的**余弦公式 $C_{(\alpha+\beta)}$**:
$$\cos(\alpha+\beta) = \cos\alpha \cdot \cos\beta - \sin\alpha \cdot \sin\beta.$$

图 4-24

知识巩固

例 6 求 $\cos 75°$.

解 $\cos 75° = \cos(45°+30°)$
$= \cos 45° \cdot \cos 30° - \sin 45° \cdot \sin 30°$
$= \dfrac{\sqrt{2}}{2} \times \dfrac{\sqrt{3}}{2} - \dfrac{\sqrt{2}}{2} \times \dfrac{1}{2}$
$= \dfrac{\sqrt{6}-\sqrt{2}}{4}.$

新知识

利用两角和的余弦公式,可以得出,对于任意角 α,有下列公式

$$\cos\left(\dfrac{\pi}{2}-\alpha\right) = \sin\alpha;$$
$$\sin\left(\dfrac{\pi}{2}-\alpha\right) = \cos\alpha.$$

(六)

所以 $\sin(\alpha+\beta) = \cos\left[\dfrac{\pi}{2}-(\alpha+\beta)\right]$
$= \cos\left[\left(\dfrac{\pi}{2}-\alpha\right)+(-\beta)\right]$
$= \cos\left(\dfrac{\pi}{2}-\alpha\right) \cdot \cos(-\beta) - \sin\left(\dfrac{\pi}{2}-\alpha\right) \cdot \sin(-\beta)$
$= \sin\alpha \cdot \cos\beta + \cos\alpha \cdot \sin\beta.$

于是,我们有两角和的**正弦公式 $S_{(\alpha+\beta)}$**:
$$\sin(\alpha+\beta) = \sin\alpha \cdot \cos\beta + \cos\alpha \cdot \sin\beta.$$

$\tan(\alpha+\beta) = \dfrac{\sin(\alpha+\beta)}{\cos(\alpha+\beta)} = \dfrac{\sin\alpha \cdot \cos\beta + \cos\alpha \cdot \sin\beta}{\cos\alpha \cdot \cos\beta - \sin\alpha \cdot \sin\beta}.$

当 $\cos\alpha$、$\cos\beta \neq 0$ 时,分子、分母分别除以 $\cos\alpha\cos\beta$,从而得两角和的正切公式 $T_{(\alpha+\beta)}$:
$$\tan(\alpha+\beta) = \dfrac{\tan\alpha + \tan\beta}{1 - \tan\alpha \cdot \tan\beta}.$$

知识巩固

例 7 求 $\sin 105°$ 的值.

解 $\sin 105° = \sin(60° + 45°)$
$= \sin 60° \cdot \cos 45° + \cos 60° \cdot \sin 45°$
$= \dfrac{\sqrt{3}}{2} \times \dfrac{\sqrt{2}}{2} + \dfrac{1}{2} \times \dfrac{\sqrt{2}}{2} = \dfrac{\sqrt{6} + \sqrt{2}}{4}.$

例 8 求 $\tan 75°$ 的值.

解 $\tan 75° = \tan(45° + 30°) = \dfrac{\tan 45° + \tan 30°}{1 - \tan 45° \cdot \tan 30°}$
$= \dfrac{1 + \dfrac{\sqrt{3}}{3}}{1 - 1 \times \dfrac{\sqrt{3}}{3}} = \dfrac{3 + \sqrt{3}}{3 - \sqrt{3}} = 2 + \sqrt{3}.$

练习 4.5.5

1. 化简：

   (1) $\cos 24° \cdot \cos 36° - \cos 66° \cdot \cos 54°$；

   (2) $\sin 11° \cdot \cos 29° + \cos 11° \cdot \sin 29°$；

   (3) $\dfrac{\tan 2\theta + \tan \theta}{1 - \tan 2\theta \cdot \tan \theta}.$

2. (1) 已知 $\sin \alpha = \dfrac{5}{13}, \alpha \in \left(\dfrac{\pi}{2}, \pi\right)$，求 $\cos\left(\dfrac{\pi}{3} + \alpha\right)$；

   (2) 已知 $\cos \alpha = \dfrac{3}{5}, \alpha \in \left(\dfrac{3\pi}{2}, 2\pi\right)$，求 $\sin\left(\alpha + \dfrac{\pi}{6}\right)$.

3. (1) 已知 $\sin \alpha = \dfrac{2}{3}, \alpha \in \left(\dfrac{\pi}{2}, \pi\right), \cos \beta = -\dfrac{3}{5}, \beta \in \left(\pi, \dfrac{3\pi}{2}\right)$，求 $\cos(\alpha + \beta)$ 的值；

   (2) 已知 $\alpha 、\beta$ 都是锐角，$\sin \alpha = \dfrac{3}{5}, \cos \beta = \dfrac{5}{13}$，求 $\sin(\alpha + \beta)$ 的值.

*4.5.6 两角差的三角函数

问题

如果在两角和的三角函数公式 $S_{(\alpha+\beta)}$、$C_{(\alpha+\beta)}$、$T_{(\alpha+\beta)}$ 中，分别用 $-\beta$ 代替 β，结果会怎样呢？

新知识

一般地，两角差的正弦 $S_{(\alpha-\beta)}$，余弦 $C_{(\alpha-\beta)}$ 和正切 $T_{(\alpha-\beta)}$ 公式是：

$$\sin(\alpha - \beta) = \sin \alpha \cdot \cos \beta - \cos \alpha \cdot \sin \beta, \qquad \mathbf{S_{(\alpha-\beta)}}$$

$$\cos(\alpha - \beta) = \cos \alpha \cdot \cos \beta + \sin \alpha \cdot \sin \beta, \qquad \mathbf{C_{(\alpha-\beta)}}$$

$$\tan(\alpha - \beta) = \dfrac{\tan \alpha - \tan \beta}{1 + \tan \alpha \cdot \tan \beta}. \qquad \mathbf{T_{(\alpha-\beta)}}$$

知识巩固

例 9 求 $\cos 15°$ 的值.

解 $\cos 15° = \cos(45° - 30°)$
$= \cos 45° \cdot \cos 30° + \sin 45° \cdot \sin 30°$
$= \dfrac{\sqrt{2}}{2} \times \dfrac{\sqrt{3}}{2} + \dfrac{\sqrt{2}}{2} \times \dfrac{1}{2} = \dfrac{\sqrt{6} + \sqrt{2}}{4}.$

例 10 已知 $\cos\theta = -\dfrac{4}{5}, \theta \in \left(\dfrac{\pi}{2}, \pi\right)$,求 $\sin\left(\theta - \dfrac{\pi}{3}\right)$ 的值.

解 由 $\cos\theta = -\dfrac{4}{5}, \theta \in \left(\dfrac{\pi}{2}, \pi\right)$,得

$$\sin\theta = \sqrt{1 - \cos^2\theta} = \sqrt{1 - \left(-\dfrac{4}{5}\right)^2} = \dfrac{3}{5}.$$

所以 $\sin\left(\theta - \dfrac{\pi}{3}\right) = \sin\theta \cdot \cos\dfrac{\pi}{3} - \cos\theta \cdot \sin\dfrac{\pi}{3}$
$= \dfrac{3}{5} \times \dfrac{1}{2} - \left(-\dfrac{4}{5}\right) \times \dfrac{\sqrt{3}}{2} = \dfrac{3 + 4\sqrt{3}}{10}.$

练习 4.5.6

1. 求下列三角函数的值:
   (1) $\sin 15°$; (2) $\cos 165°$.

2. 化简求值:
   (1) $\sin 69° \cos 24° - \cos 69° \sin 24°$;
   (2) $\cos 87° \cos 27° + \sin 87° \sin 153°$;
   (3) $\sin 40° \cos 10° - \cos 40° \sin 10°$;
   (4) $\sin 35° \cdot \tan 45° \cdot \cos 10° + \sin 55° \cdot \sin 10°$.

3. 已知 $\tan\alpha = 3$,求 $\tan\left(\alpha - \dfrac{\pi}{4}\right)$ 的值.

4. 已知 $\cos\theta = -\dfrac{5}{13}, \theta \in \left(\dfrac{\pi}{2}, \pi\right)$,求 $\left(\theta - \dfrac{\pi}{6}\right)$.

*4.5.7 二倍角的三角函数

问题

已知角 α 的三角函数,怎样求角 2α 的三角函数呢?

新知识

前一节我们学过了两角和的三角函数 $S_{(\alpha+\beta)}$、$C_{(\alpha+\beta)}$、$T_{(\alpha+\beta)}$ 公式,只要令 $\beta = \alpha$,就可以得到 2α 的三角函数 $S_{2\alpha}$、$C_{2\alpha}$、$T_{2\alpha}$ 公式:

$$\sin 2\alpha = 2\sin \alpha \cdot \cos \alpha, \qquad S_{2\alpha}$$
$$\cos 2\alpha = \cos^2 \alpha - \sin^2 \alpha, \qquad C_{2\alpha}$$
$$\tan 2\alpha = \frac{2\tan \alpha}{1 - \tan^2 \alpha}. \qquad T_{2\alpha}$$

因为 $\sin^2 \alpha + \cos^2 \alpha = 1$，所以 $C_{2\alpha}$ 还可变形为

$$\cos 2\alpha = 2\cos^2 \alpha - 1 = 1 - 2\sin^2 \alpha. \qquad C_{2\alpha}$$

知识巩固

例 11 已知 $\cos \alpha = -\dfrac{1}{3}, \alpha \in \left(\dfrac{\pi}{2}, \pi\right)$，求 $\sin 2\alpha$、$\cos 2\alpha$、$\tan 2\alpha$ 的值.

解 因为 $\cos \alpha = -\dfrac{1}{3}, \alpha \in \left(\dfrac{\pi}{2}, \pi\right)$，所以

$$\sin \alpha = \sqrt{1 - \cos^2 \alpha} = \sqrt{1 - \left(\dfrac{1}{3}\right)^2} = \dfrac{2\sqrt{2}}{3}.$$

于是

$$\sin 2\alpha = 2\sin \alpha \cdot \cos \alpha = 2 \times \dfrac{2\sqrt{2}}{3} \times \left(-\dfrac{1}{3}\right) = -\dfrac{4\sqrt{2}}{9};$$

$$\cos 2\alpha = 2\cos^2 \alpha - 1 = 2 \times \left(-\dfrac{1}{3}\right)^2 - 1 = -\dfrac{7}{9};$$

$$\tan 2\alpha = \dfrac{\sin 2\alpha}{\cos 2\alpha} = \dfrac{-\dfrac{4\sqrt{2}}{9}}{-\dfrac{7}{9}} = \dfrac{4\sqrt{2}}{7}.$$

例 12 求下列各式的值：

(1) $2\sin 15° \cdot \cos 15°$；

(2) $\sin^2 \dfrac{\pi}{8} - \cos^2 \dfrac{\pi}{8}$；

(3) $\dfrac{2\tan 150°}{1 - \tan^2 150°}$.

解 (1) $2\sin 15° \cdot \cos 15° = \sin(2 \times 15°) = \sin 30° = \dfrac{1}{2}$；

(2) $\sin^2 \dfrac{\pi}{8} - \cos^2 \dfrac{\pi}{8} = -\left(\cos^2 \dfrac{\pi}{8} - \sin^2 \dfrac{\pi}{8}\right) = -\cos\left(2 \times \dfrac{\pi}{8}\right) = -\cos \dfrac{\pi}{4} = -\dfrac{\sqrt{2}}{2}$；

(3) $\dfrac{2\tan 150°}{1 - \tan^2 150°} = \tan(2 \times 150°) = \tan 300° = \tan(360° - 60°) = -\tan 60° = -\sqrt{3}$.

练习 4.5.7

1. 求下列各式的值：

(1) $2\sin 75° \cdot \cos 75°$；　　(2) $2\cos^2 \dfrac{\pi}{12} - 1$；　　(3) $\dfrac{2\tan 22.5°}{1 - \tan^2 22.5°}$.

2. 若 $\sin\theta=\dfrac{4}{5}$,求 $\cos 2\theta$ 的值.

3. 已知 $\cos\alpha=-\dfrac{\sqrt{3}}{3}$ 且 $\pi<\alpha<\dfrac{3\pi}{2}$,求 $\sin 2\alpha$、$\cos 2\alpha$、$\tan 2\alpha$ 的值.

习题 4.6

一、选择题

1. $\sin\dfrac{\pi}{12}\cdot\cos\dfrac{\pi}{12}$ 的值等于( ).

   A. $\dfrac{1}{2}$ B. $\dfrac{1}{4}$ C. $\dfrac{\sqrt{3}}{2}$ D. $\dfrac{\sqrt{3}}{4}$

2. $\sin 22.5°\cdot\cos 22.5°$ 的值是( ).

   A. $\dfrac{\sqrt{2}}{2}$ B. $\dfrac{1}{2}$ C. $\dfrac{\sqrt{2}}{4}$ D. $\dfrac{1}{4}$

3. $\cos 15°\cdot\sin 15°$ 的值是( ).

   A. $\dfrac{\sqrt{2}}{4}$ B. $\dfrac{\sqrt{2}}{2}$ C. $\dfrac{1}{2}$ D. $\dfrac{1}{4}$

4. $\cos\dfrac{\pi}{8}\cdot\sin\dfrac{\pi}{8}$ 的值是( ).

   A. $\dfrac{\sqrt{2}}{4}$ B. $\dfrac{\sqrt{2}}{2}$ C. $\dfrac{1}{2}$ D. $\dfrac{1}{4}$

5. 已知 $\cos\alpha=\dfrac{1}{2}$,则 $\cos 2\alpha=$( ).

   A. $\dfrac{1}{2}$ B. $-\dfrac{1}{2}$ C. -1 D. 1

6. 若 $\sin\alpha=\dfrac{1}{5}$,则 $\cos 2\alpha=$( ).

   A. $\dfrac{23}{25}$ B. $-\dfrac{23}{25}$ C. $\dfrac{3}{5}$ D. $-\dfrac{3}{5}$

二、填空题

1. $\cos 10°\cdot\cos 20°-\sin 10°\cdot\sin 20°=$ _____.

2. $\sin 10°\cdot\cos 20°+\cos 10°\cdot\sin 20°=$ _____.

3. $\sin 40°\cdot\cos 10°-\cos 40°\cdot\sin 10°=$ _____.

4. $\tan 20°+\tan 40°+\sqrt{3}\tan 20°\cdot\tan 40°=$ _____.

三、计算题

(1) 求 $\sin 75°-\sin 15°$ 的值;

(2) 已知 $\sin\alpha=\dfrac{3}{5}$,$\alpha\in\left(\dfrac{\pi}{2},\pi\right)$,求 $\sin 2\alpha$、$\cos 2\alpha$、$\tan 2\alpha$ 的值.

4.6 三角函数的图像和性质

4.6.1 正弦函数的图像和性质

新知识

由周期性的定义可知,在长度为 2π 的区间(如 $[-2\pi,0]$,$[0,2\pi]$,$[2\pi,4\pi]$)上,正弦函数的图像相同,可以通过平行移动 $[0,2\pi]$ 上的图像得到,因此,本章主要研究正弦函数在一个周期 $[0,2\pi]$ 上的图像.

问题

怎样利用正弦函数的图像直观地研究其性质呢?

我们先用描点法作出正弦函数 $y=\sin x, x\in[0,2\pi]$ 的图像如表 4-6 所示.

表 4-6

x	0	$\dfrac{\pi}{4}$	$\dfrac{\pi}{2}$	$\dfrac{3\pi}{4}$	π	$\dfrac{5\pi}{4}$	$\dfrac{3\pi}{2}$	$\dfrac{7\pi}{4}$	2π
$y=\sin x$	0	0.71	1	0.71	0	-0.71	-1	-0.71	0

以表中的 x、y 值为坐标,描出点 (x,y),用光滑曲线依次联结各点,得到 $y=\sin x$ 在 $[0,2\pi]$ 上的图像(见图 4-25).

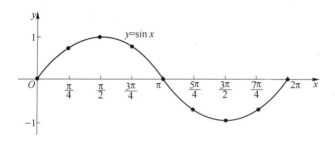

图 4-25

因为 $\sin(x+2k\pi)=\sin x(k\in \mathbf{Z})$,所以函数 $y=\sin x$ 在 $[0,2\pi]$ 上的图像向左或向右平移 $2\pi,4\pi,\cdots$ 就得到 $y=\sin x$ 在 $\mathbf{R}$ 上的函数(见图 4-26),这个图像叫作**正弦曲线**.

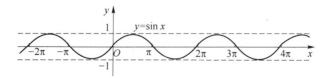

图 4-26

新知识

正弦函数 $y = \sin x$ 的定义域是实数集 **R**. 由正弦曲线可以看出正弦函数的主要性质：

(1) 值域：观察图 4-26，发现正弦曲线夹在两条直线 $y = -1$ 和 $y = 1$ 之间，即对任意的角 x，都有 $|\sin x| \leqslant 1$ 成立. 由此知**正弦函数的值域为 $[-1, 1]$**.

当 $x = \dfrac{\pi}{2} + 2k\pi (k \in \mathbf{Z})$ 时，y 取最大值，$y_{\max} = 1$；

当 $x = -\dfrac{\pi}{2} + 2k\pi (k \in \mathbf{Z})$ 时，y 取最小值，$y_{\min} = -1$.

(2) 周期性：是周期为 2π 的周期函数.

一般地，对于函数 $y = f(x)$，如果存在一个不为零的常数 T，当 x 取定义域 D 内的每一个值时，都有 $x + T \in D$，并且等式 $f(x + T) = f(x)$ 成立，那么函数 $y = f(x)$ 叫作**周期函数**，常数 T 叫作这个函数的**一个周期**.

由于正弦函数的定义域是实数集 **R**，对 $\alpha \in \mathbf{R}$，恒有 $\alpha + 2k\pi \in \mathbf{R}(k \in \mathbf{Z})$，并且
$$\sin(\alpha + 2k\pi) = \sin \alpha (k \in \mathbf{Z}),$$
因此正弦函数是周期函数，并且 $2\pi, 4\pi, 6\pi, \cdots$ 及 $-2\pi, -4\pi, \cdots$ 都是它的周期.

在所有的正周期中，存在一个最小的数，把它叫作**最小正周期**，并直接把它叫作**周期**. 因此，**正弦函数的周期是 2π**.

(3) 奇偶性：是奇函数. 正弦函数关于坐标原点对称.

(4) 单调性：在每一个区间 $\left[-\dfrac{\pi}{2} + 2k\pi, \dfrac{\pi}{2} + 2k\pi\right] (k \in \mathbf{Z})$ 上都是增函数，函数值由 -1 增大到 1；正弦函数在每一个区间 $\left[\dfrac{\pi}{2} + 2k\pi, \dfrac{3\pi}{2} + 2k\pi\right] (k \in \mathbf{Z})$ 上都是减函数，函数值由 1 减小到 -1.

观察发现，正弦函数 $y = \sin x$ 在 $[0, 2\pi]$ 上的图像中有五个关键点：
$$(0, 0), \left(\dfrac{\pi}{2}, 1\right), (\pi, 0), \left(\dfrac{3\pi}{2}, -1\right), (2\pi, 0).$$

在直角坐标系中，描出这五个点后，正弦函数 $y = \sin x$ 在 $[0, 2\pi]$ 上的图像的大致形状就基本上确定了. 因此，在精确度要求不高时，首先描出这关键的五个点，然后用光滑的曲线把它们联结起来，从而得到正弦函数在 $[0, 2\pi]$ 上的简图. 这种作图方法叫作"**五点法**".

知识巩固

例1 利用"五点法"作函数 $y = 1 + \sin x$ 在 $[0, 2\pi]$ 上的图像.

分析 $y = \sin x$ 图像中的五个关键点的横坐标分别是 0、$\dfrac{\pi}{2}$、π、$\dfrac{3\pi}{2}$、2π，这里要求出 $y = 1 + \sin x$ 在这五个关键点上的相应的函数值，从而得到五个点的坐标，最后用光滑的曲线联结这五个点，得到图像.

解 如表 4-7 所示.

表 4-7

x	0	$\frac{\pi}{2}$	π	$\frac{3\pi}{2}$	2π
$\sin x$	0	1	0	-1	0
$y=1+\sin x$	1	2	1	0	1

以表 4-7 中每组对应的 x、y 值为坐标,描出点 (x,y),用光滑的曲线顺次联结各点,得到函数 $y=1+\sin x$ 在 $[0,2\pi]$ 上的图像(见图 4-27).

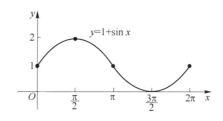

图 4-27

例 2 已知 $\sin x=a-4$,求 a 的取值范围.

解 因为 $|\sin x|\leqslant 1$,所以 $|a-4|\leqslant 1$,即
$$-1\leqslant a-4\leqslant 1,$$
解得
$$3\leqslant a\leqslant 5.$$
故 a 的取值范围是 $[3,5]$.

例 3 比较 $\sin\left(-\dfrac{\pi}{8}\right)$ 与 $\sin\left(-\dfrac{\pi}{10}\right)$ 的大小.

解 因为 $-\dfrac{\pi}{2}<-\dfrac{\pi}{8}<-\dfrac{\pi}{10}<\dfrac{\pi}{2}$,且函数 $y=\sin x$,x 在 $\left[-\dfrac{\pi}{2},\dfrac{\pi}{2}\right]$ 上是增函数,所以
$$\sin\left(-\dfrac{\pi}{8}\right)<\sin\left(-\dfrac{\pi}{10}\right).$$

例 4 求使函数 $y=\sin 2x$ 取得最大值的 x 的集合,并指出最大值是多少.

解 设 $u=2x$,则使函数 $y=\sin u$ 取得最大值 1 的集合是
$$\left\{u\,\middle|\,u=\dfrac{\pi}{2}+2k\pi,k\in\mathbf{Z}\right\},$$
由
$$2x=u=\dfrac{\pi}{2}+2k\pi,$$
得
$$x=\dfrac{\pi}{4}+k\pi.$$
故所求集合为 $\left\{x\,\middle|\,x=\dfrac{\pi}{4}+k\pi,k\in\mathbf{Z}\right\}$,函数 $y=\sin 2x$ 的最大值是 1.

练习 4.6.1

1. 利用"五点法"作函数 $y=-\sin x$ 在 $[0,2\pi]$ 上的图像.
2. 利用"五点法"作函数 $y=2\sin x$ 在 $[0,2\pi]$ 上的图像.
3. 已知 $\sin \alpha=3-a$,求 a 的取值范围.

4. 求使函数 $y=\sin 4x$ 取得最大值的 x 的集合，并指出最大值是多少．

4.6.2 余弦函数的图像和性质

新知识

余弦函数的定义域是 **R**，由 $\cos(x+2k\pi)=\cos x(x\in\mathbf{R},k\in\mathbf{Z})$ 可知余弦函数是周期函数，其周期是 2π．

下面用"描点法"作出余弦函数 $y=\cos x$ 在 $[0,2\pi]$ 上的图像．

把区间 $[0,2\pi]$ 分成 8 等份，分别求得函数 $y=\cos x$ 在各分点及区间端点的函数值，如表 4-8 所示：

表 4-8

x	0	$\dfrac{\pi}{4}$	$\dfrac{\pi}{2}$	$\dfrac{3\pi}{4}$	π	$\dfrac{5\pi}{4}$	$\dfrac{3\pi}{2}$	$\dfrac{7\pi}{4}$	2π
$y=\cos x$	1	0.71	0	-0.71	-1	-0.71	0	0.71	1

以表 4-8 中的 x、y 值为坐标，描出点 (x,y)，用光滑曲线顺次联结各点，得到函数 $y=\cos x$ 在 $[0,2\pi]$ 上的图像（见图 4-28）．

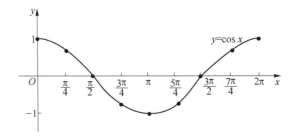

图 4-28

由余弦函数的周期性，将函数 $y=\cos x$ 在 $[0,2\pi]$ 上的图像向左或向右平行移动 2π，4π，…就得到余弦函数 $y=\cos x$ 在 **R** 上的图像（见图 4-29）．这个图像叫作**余弦曲线**．

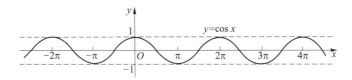

图 4-29

余弦函数 $y=\cos x$ 的定义域是实数集 **R**．它的主要性质如下：

（1）值域：$[-1,1]$．当 $x=2k\pi(k\in\mathbf{Z})$ 时，y 取最大值，$y_{\max}=1$；当 $x=(2k+1)\pi(k\in\mathbf{Z})$ 时，y 取最小值，$y_{\min}=-1$．

（2）周期性：是周期为 2π 的周期函数．

（3）奇偶性：是偶函数．余弦函数关于 y 轴对称．

（4）单调性：在每一个区间 $[(2k-1)\pi,2k\pi](k\in\mathbf{Z})$ 上都是增函数，函数值从 -1 增大到

1;在每一个区间 $[2k\pi,(2k+1)\pi](k\in \mathbf{Z})$ 上都是减函数,函数值从 1 减小到 -1.

思考 观察图 4-30 中的正弦函数的图像和余弦函数的图像,它们之间存在什么联系?

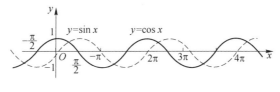

图 4-30

知识巩固

例 5 用"五点法"作出函数 $y=-\cos x$ 在 $[0,2\pi]$ 上的图像.

分析 $y=\cos x$ 图像中的五个关键点的横坐标分别是 0、$\dfrac{\pi}{2}$、π、$\dfrac{3\pi}{2}$、2π,这里要求出 $y=-\cos x$ 在这五个关键点上的相应函数值,从而得到五个点的坐标,最后用光滑的曲线联结这五个点,得到图像.

解 列表(见表 4-9):

表 4-9

x	0	$\dfrac{\pi}{2}$	π	$\dfrac{3\pi}{2}$	2π
$\cos x$	0	0	-1	0	1
$y=-\cos x$	-1	0	1	0	-1

以表 4-9 中的 x、y 值为坐标,描出点 (x,y),然后用光滑的曲线顺次联结各点,得到函数 $y=-\cos x$ 在 $[0,2\pi]$ 上的图像(见图 4-31).

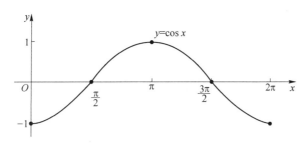

图 4-31

例 6 求使函数 $y=\cos x+1,x\in \mathbf{R}$ 取得最大值的 x 的集合,并说出最大值是什么.

解 函数 $y=\cos x+1,x\in \mathbf{R}$ 取得最大值的 x,就是使函数 $y=\cos x,x\in \mathbf{R}$ 取得最大值的 x,因而使 $y=\cos x+1,x\in \mathbf{R}$ 取得最大值的 x 的集合,就是使 $y=\cos x,x\in k$ 取得最大值的 x 的集合,即 $\{x|x=2k\pi,k\in \mathbf{Z}\}$.函数 $y=\cos x+1,x\in \mathbf{R}$ 的最大值是 $1+1=2$.

练习 4.6.2

1. 函数 $y=\cos 2x$ 的最小正周期是_____.
2. 用"五点法"作出函数 $y=1-\cos x$ 在 $[0,2\pi]$ 上的图像.

习题 4.7

A 组

1. (1) 指出在 $[0, 2\pi]$ 上,正弦函数 $y = \sin x$ 的增区间;
   (2) 指出在 $[0, 2\pi]$ 上,余弦函数 $y = \cos x$ 的增区间;
   (3) 指出在 $[0, 2\pi]$ 上,正弦函数、余弦函数同为增函数的区间.

2. 已知 $\sin x = \dfrac{a-1}{2}$,求 a 的取值范围.

3. 用"五点法"作下列函数的图像:
   (1) $y = 2 + \sin x$;   (2) $y = 2\cos x$.

4. 函数 $y = \sin x \cdot \cos x$ 的最大值是(　　).

   A. 2   B. $\dfrac{\sqrt{2}}{2}$ C. 1   D. $\dfrac{1}{2}$

5. 函数 $y = 1 + 2\cos x$ 的最大值是_____.

6. 函数 $y = 1 - 2\cos x$ 的最小值是_____.

7. 求下列函数的最大值与最小值,并求出自变量 x 的相应的取值:
   (1) $y = 4 - \dfrac{1}{3}\sin x$;   (2) $y = 2 + 3\cos x$.

B 组

1. 求函数 $y = 1 - \dfrac{1}{\cos x}$ 的定义域.

2. 求函数 $y = \sqrt{\sin 2x}$ 的定义域.

4.7 已知三角函数值求角

4.7.1 已知三角函数值求角

? 问题

我们知道,已知任意一个角,可以求出它的三角函数值. 那么,已知一个三角函数值,能求出它对应的角吗?

新知识

例 1 已知 $\sin \alpha = \dfrac{\sqrt{2}}{2}$,且 $0 \leqslant \alpha \leqslant 2\pi$,求 α 的集合.

解 因为 $\sin \alpha = \frac{\sqrt{2}}{2} > 0$，所以 α 是第一象限或第二象限的角，由

$$\sin \frac{\pi}{4} = \frac{\sqrt{2}}{2}, \sin\left(\pi - \frac{\pi}{4}\right) = \sin \frac{\pi}{4} = \frac{\sqrt{2}}{2}$$

可知，符合条件的角有两个，即第一象限的 $\frac{\pi}{4}$ 或第二象限的 $\frac{3\pi}{4}$. 所以，所求的角 α 的集合是 $\left\{\frac{\pi}{4}, \frac{3\pi}{4}\right\}$.

例 2 已知 $\cos \alpha = \frac{1}{2}, \alpha \in [0, 2\pi]$，求 α 的集合.

解 因为 $\cos \alpha = \frac{1}{2} > 0$，所以 α 是第一或第四象限的角，由 $\cos \frac{\pi}{3} = \frac{1}{2}, \cos\left(2\pi - \frac{\pi}{3}\right) = \cos \frac{\pi}{3} = \frac{1}{2}$

可知，符合条件的角有两个，即第一象限的 $\frac{\pi}{3}$ 或第四象限的 $\frac{5\pi}{3}$. 所以，所求的角 α 的集合是 $\left\{\frac{\pi}{3}, \frac{5\pi}{3}\right\}$.

例 3 已知 $\tan \alpha = 1, \alpha \in [0, 2\pi]$，求 α 的集合.

因为 $\tan \alpha = 1 > 0$，所以 α 是第一或第三象限的角，由

$$\tan \frac{\pi}{4} = 1, \tan\left(\pi + \frac{\pi}{4}\right) = \tan \frac{\pi}{4} = 1$$

可知，符合条件的角有两个，即第一象限的 $\frac{\pi}{4}$ 或第三象限的 $\frac{5\pi}{4}$. 所以，所求角的 α 的集合是 $\left\{\frac{\pi}{4}, \frac{5\pi}{4}\right\}$.

例 4 已知 $\sin \alpha = \frac{1}{2}$，求 x 的集合.

解 因为 $\sin \alpha = \frac{1}{2} > 0$，所以 α 是第一或第二象限的角，由

$$\sin \frac{\pi}{6} = \frac{1}{2}, \sin\left(\pi - \frac{\pi}{6}\right) = \sin \frac{\pi}{6} = \frac{1}{2}$$

可知，所求的 α 的集合是

$$\left\{\alpha \mid \alpha = \frac{\pi}{6} + 2k\pi, k \in \mathbf{Z}\right\} \cup \left\{\alpha \mid \alpha = \frac{5\pi}{6} + 2k\pi, k \in \mathbf{Z}\right\}.$$

例 5 已知 $\tan x = \frac{\sqrt{3}}{3}$，求 x 的集合.

解 因为 $\tan x = \frac{\sqrt{3}}{3} > 0$，所以 x 是第一或第三象限的角.

由 $\tan \frac{\pi}{6} = \frac{\sqrt{3}}{3}, \tan\left(\pi + \frac{\pi}{6}\right) = \tan \frac{\pi}{6} = \frac{\sqrt{3}}{3}$

可知，所求的 x 的集合是

$$\left\{x \mid x=\frac{\pi}{6}+2k\pi, k\in \mathbf{Z}\right\} \cup \left\{x \mid x=\frac{7\pi}{6}+2k\pi, k\in \mathbf{Z}\right\}$$

$$=\left\{x \mid x=\frac{\pi}{6}+k\pi, k\in \mathbf{Z}\right\}.$$

> **注意:**
> 已知三角函数值求角的一般步骤:
> (1) 根据已知三角函数值确定所求角在第几象限或终边落在坐标轴上的位置;
> (2) 求出这个三角函数值的绝对值所对应的一个锐角 α;
> (3) 写出 $0 \sim 360°$ 的适合条件的角,其中第二、第三、第四象限的角依次为 $180°-\alpha$, $180°+\alpha$, $360°-\alpha$;
> (4) 根据终边相同的角的同一个三角函数值相等求角.

写出适合条件的所有角.

练习 4.7.1

1. 求适合下列条件的 α:

(1) $\cos\alpha=\frac{\sqrt{3}}{2}$, 且 $\frac{3\pi}{2}<\alpha<2\pi$;

(2) $\sin\alpha=-\frac{1}{2}$, 且 $\pi<\alpha<\frac{3\pi}{2}$;

(3) $\tan\alpha=1$, 且 $0°<\alpha<360°$.

2. 求适合下列条件的 x:

(1) $\sin x=\frac{1}{2}$, 且 x 在第一象限;

(2) $\cos x=\frac{\sqrt{2}}{2}$, 且 x 在第四象限.

3. 求适合下列条件的 x 的集合:

(1) $\cos x=-\frac{\sqrt{3}}{2}$;   (2) $\sin x=-1$.

*4.7.2 已知正弦函数值求角

问题

利用计算器可以求出任意角的正弦函数值,那么,已知任意角的正弦函数值,能求出指定范围内的角吗?

计算器应用

计算器的标准设置中,已知正弦函数值,只能显示 $-90° \sim 90°$ (或 $-\frac{\pi}{2} \sim \frac{\pi}{2}$)范围内的

角.其步骤是:设定角度或弧度计算模式→按键 Shift →按键 sin →输入正弦函数值→按键 = 显示 $-90° \sim 90°$（或 $-\frac{\pi}{2} \sim \frac{\pi}{2}$）范围内的角.

如果求指定范围内的角,则还需要使用诱导公式.

知识巩固

例 6 已知 $\sin x = 0.4$,利用计算器求 $0° \sim 360°$ 范围内的角 x（精确到 $0.01°$）.

解 利用计算器得到锐角
$$x_1 \approx 23.58°.$$
利用 $\sin(180° - \alpha) = \sin \alpha$,得到所求的钝角
$$x_2 \approx 180° - 23.58° = 156.42°.$$
故在 $0° \sim 360°$ 范围内,正弦函数值为 0.4 的角为 $23.58°$ 和 $156.42°$.

说明 已知正弦函数值,求指定范围内的角的主要步骤是:

(1) 利用计算器求出 $-90° \sim 90°$（或 $-\frac{\pi}{2} \sim \frac{\pi}{2}$）范围内的角;

(2) 利用诱导公式 $\sin(180° - \alpha) = \sin \alpha$ 求出 $90° \sim 270°$（或 $\frac{\pi}{2} \sim \frac{3\pi}{2}$）范围内的角;

(3) 利用公式 $\sin(\alpha + k \cdot 360°) = \sin \alpha$ 求出指定范围内的角.

例 7 已知 $\sin x = -0.4$,求区间 $[0, 2\pi]$ 上的角 x（精确到 0.0001）.

解 利用计算器得到 $\left[-\frac{\pi}{2}, \frac{\pi}{2}\right]$ 上的角为
$$x \approx -0.4115.$$
利用 $\sin(\pi - \alpha) = \sin \alpha$,得到 $\left[\frac{\pi}{2}, \frac{3\pi}{2}\right]$ 上的角为
$$x_1 \approx \pi - (-0.4115) \approx 3.5531.$$
利用 $\sin(2\pi + \alpha) = \sin \alpha$ 得到 $\left[\frac{3\pi}{2}, 2\pi\right]$ 上的角为
$$x_2 \approx 2\pi + (-0.4115) \approx 5.8717.$$
所以在区间 $[0, 2\pi]$ 上,正弦函数值为 -0.4 的角为 3.5531 和 5.8717.

练习 4.7.2

1. 已知 $\sin x = 0.2601$,求 $0° \sim 360°$ 范围内的角 x（精确到 $0.01°$）.

2. 已知 $\sin x = -0.4632$,求 $0° \sim 360°$ 范围内的角 x（精确到 $0.01°$）.

*4.7.3 已知余弦函数值求角

计算器应用

计算器的标准设置中,已知余弦函数值,只能显示出 $0° \sim 180°$（或 $0 \sim \pi$）范围内的角.其步骤是:设定角度或弧度计算模式→按键 Shift →按键 cos →输入余弦函数值→按键

显示出 $0°\sim180°$（或 $0\sim\pi$）范围内的角. 如果求指定范围内的角,则还需要应用诱导公式.

知识巩固

例8 已知 $\cos x=0.4$,求 $-180°\sim180°$ 范围内的角 x（精确到 $0.01°$）.

解 利用计算器得到在 $0°\sim180°$ 范围内的角为
$$x\approx 66.42°.$$
利用 $\cos(-\alpha)=\cos\alpha$,得到 $-180°\sim0°$ 范围内的角为
$$x\approx -66.42°.$$
因此在 $-180°\sim180°$ 范围内余弦函数值为 0.4 的角为 $\pm 66.42°$.

说明 已知余弦函数值,求指定范围内的角的主要步骤是:
(1) 利用计算器求出 $0°\sim180°$（或 $0\sim\pi$）范围内的角;
(2) 利用诱导公式 $\cos(-\alpha)=\cos\alpha$ 求出 $-180°\sim0°$（或 $-\pi\sim0$）范围内的角;
(3) 利用公式 $\cos(\alpha+k\cdot 360°)=\cos\alpha$ 求出指定范围内的角.

练习 4.7.3

已知 $\cos x=0.226\,1$,求区间 $[0,2\pi]$ 上的角 x（精确到 0.01）.

习题 4.8

A 组

1. 已知 $\sin x=0.34$,求 $[0,2\pi]$ 上的角 x（精确到 $0.000\,1$）.
2. 已知 $\cos x=-0.801\,3$,求 $0°\sim360°$ 范围内的角 x（精确到 $1'$）.
3. 已知 $\tan x=2$,求 $0°\sim360°$ 范围内的角 x（精确到 $1''$）.
4. 已知 $\sin x=-0.734$,求区间 $[0,2\pi]$ 上的角 x（精确到 $0.000\,1$）.

B 组

1. 已知 $\sin x=-0.44$,求区间 $[2\pi,4\pi]$ 上的角 x（精确到 $0.000\,1$）.
2. 已知 $\tan x=8$,求 $-360°\sim360°$ 范围内的角 x（精确到 $1''$）.

现代信息技术应用5

利用几何画板作函数图像（从轨迹角度）

前面学习了利用几何画板作出静态与动态的函数图像,下面介绍从轨迹的角度观察函数图像的变化并作出图像.

大家都知道,函数图像反映了函数值 y 与自然变量 x 的对应关系,它可以通过直角坐标平面上点的坐标 (x,y) 的形式反映出来,于是,我们可以把函数图像看成这些点的集合,或者看成动点的轨迹.本节我们仍从实例出发,通过介绍作三角函数"$y=\sin x$"的图像,让同学们学会用"追踪点"观察图像、用"轨迹"构造函数图像.

打开几何画板软件,先建立"蚂蚁坐标系",做好初始设置(见图 4-32).

由于本节作图涉及的三角函数的角度单位是弧度,而不是角度,因此我们可以在作图前事先设定.单击"编辑(E)"菜单下的"参数选项"工具,选择"单位"中的"角度:"为"弧度,其他不变,单位就设定好了(见图 4-33).

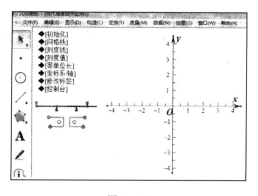 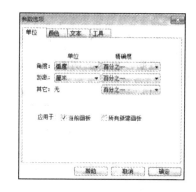

图 4-32　　　　　　　　　　　　　　图 4-33

单击"数据(N)"菜单下的"新建参数"工具,在弹出的窗口中修改"名称"为"x","单位"为"角度",其他取默认值,单击"确定".这时屏幕出现参数:"$x=\boxed{1.00}$ 弧度",可以调整它到适当的位置(见图 4-34).这个参数本质上就是函数的自变量 x,是图像上对应点的横坐标.

然后单击"数据(N)"菜单下的"计算"工具,在弹出的"新建计算"窗口中,输入函数,具体如下:在窗口中单击"函数",在下拉菜单中选择"sin",然后单击屏幕中的参数"$x=\boxed{1.00}$ 弧度",这时窗口中白色区域就出现"$\sin(x)$"(见图 4-35),单击"确定"关闭窗口,屏幕上出现"$\sin x=0.84$"."计算"的值本质上就是 $y=\sin x$ 的函数值,是图像上对应点的纵坐标.

图 4-34　　　　　　　　　　　　　　图 4-35

单击空白处,取消所有选择,然后先选中"$x=\boxed{1.00}$ 弧度",再选中"$\sin x=0.84$"(注意:

这两次选择顺序不能颠倒,必须依次单击),然后单击(绘图)菜单下的"绘制点(x,y)"工具,在屏幕上绘出了一个点,更改并显示它的标签为 M.

点 M 是一个动点,它将随着参数 x 的变化而变化,并且当点 M 运动时,点的轨迹形成一条曲线,它就是函数的图像.请同学们从以下两方面分别动手实验.

1. 通过"追踪点"和设置参数的动画,观察点的运动变化和点运动的踪迹

(1) 修改动画参数:右击"$x=\boxed{1.00}$弧度",在弹出菜单中选"属性",在"动画参数"下修改需要设定的值,如,可将"范围"改为:$-\pi/2$ 到 2π,请注意,这里的"π"输入时可按键盘上"p"代替(见图 4-36).

(2) 追踪点:在仅选中该点的情况下,勾选"显示"菜单下的"追踪绘制的点"工具.

(3) 生成动画:单击空白处,然后仅选中参数"$x=\boxed{1.00}$弧度",单击"显示"菜单下的"生成角度参数的动画"工具,这时,屏幕出现小窗口"运动控制台"(见图 4-37),同时发现,随着参数的变化,"$\sin(x)$"的值跟着变化,点 M 也在运动,而且屏幕上留下了该点运动的踪迹,是一条正弦曲线(见图 4-38).同学们可以自己利用"运动控制台"的按钮来控制点的运动,并仔细观察点 M 的坐标变化和动点的变化.

图 4-36

图 4-37

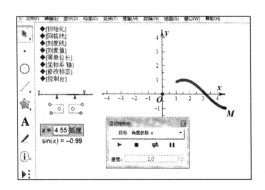

图 4-38

(4) 取消追踪,擦除踪迹:停止运动,关闭"运动控制台",单击空白处,然后再次选中动点,单击"显示"菜单下的"追踪绘制的点"工具,去掉勾选,再次单击"显示"菜单,然后单击"擦除追踪踪迹".

2. 构造点的轨迹

同时选中参数和动点(依次点击即可,顺序无关),单击"构造"菜单下的"轨迹"工具,在弹出的窗口中设定轨迹的"动画参数",如,取消"显示箭头和端点(A)"前的勾选、修改"范

围",改为 $-\dfrac{\pi}{2}$ 到 2π 等,单击"确定"即可(见图 4-39).最后调整一下坐标系的位置、坐标轴、刻度、标签等,使之符合我们的需要.这样我们就得到了一条在 $-\dfrac{\pi}{2}$ 到 2π 范围内的正弦函数的图像(见图 4-40).

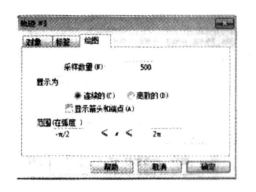

图 4-39

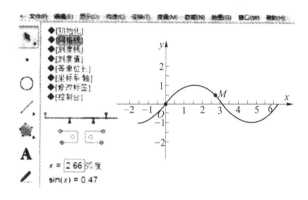

图 4-40

一般地,构造点的轨迹作出函数图像时,图像上的动点是依赖于参数变化的,参数是动点的父对象,动点是参数的子对象.事实上参数也可以换成另一个动点,比如一条线段上的点,或者圆上的点等,这样作出的轨迹具有更大的灵活性和交互性,这里不再赘述,有兴趣的同学可以参照"帮助"自行学习.

做一做

1. 利用几何画板的"参数"工具,设置函数 $y=1-2\sin x$ 在区间 $[0,2\pi]$ 上的动点,并通过"追踪点"和设置参数的动画,观察点的运动变化和点运动的踪迹.

2. 利用几何画板的"参数"和"轨迹"工具,作出函数 $y=\cos x$ 在区间 $[-\pi,3\pi]$ 上的图像.

复习题四

A 组

1. 选择题:

(1) 设 r 为圆的半径,则弧长为 $\dfrac{3}{4}r$ 的圆弧所对的圆心角为(　　).

A. $135°$ 　　　　B. $\dfrac{135°}{\pi}$ 　　　　C. $145°$ 　　　　D. $\dfrac{145°}{\pi}$

(2) 若 $\theta\in[0,2\pi]$,且 $\sqrt{1-\cos^2\theta}+\sqrt{1-\sin^2\theta}=\sin\theta-\cos\theta$,则 θ 的取值范围是(　　).

A. $\left[0,\dfrac{\pi}{2}\right]$ 　　　　　　　　　　　　B. $\left[\dfrac{\pi}{2},\pi\right]$

C. $[\pi, \frac{3\pi}{2}]$ D. $[\frac{3\pi}{2}, 2\pi]$

(3) $\sin(-1230°)$ 的值是( ).

A. $-\frac{1}{2}$ B. $\pm\frac{\sqrt{3}}{2}$ C. $\frac{\sqrt{3}}{2}$ D. $-\frac{\sqrt{3}}{2}$

(4) 下列命题中正确的是( ).

A. 第一象限的角都是锐角

B. $\sqrt{1-\sin^2 140°} = \cos 140°$

C. 若 $\tan \alpha = 1$,则 $\alpha = \frac{\pi}{4}$

D. $\sin \alpha - \cos \alpha = 2.5$ 不可能成立

2. 填空题:

(1) 设 $2\cos x = a$,那么 a 的取值范围是_____.

(2) 已知角 α 的终边上一点 $P(-2,1)$,那么 $\sin \alpha =$ _____, $\cos \alpha =$ _____, $\tan \alpha =$ _____.

(3) $\sin 600°$ 的值是_____.

(4) 已知 $0 \leqslant x \leqslant 2\pi$,那么 $y = \sin x$ 和 $y = \cos x$ 都是增函数的区间是_____.

3. 电动机上的转子一秒钟内转动的圆心角为 $10\,000\pi$,问转子每分钟旋转多少周?

4. 计算下列各式的值:

(1) $2\sin^2 225° - \cos 330° \tan 405°$;

(2) $\tan 675° + \cos 765° - \tan 300° + \cos(-690°)$.

5. 已知 $\sin \alpha = -\frac{7}{25}$,且 $\alpha \in (\frac{3\pi}{2}, 2\pi)$,求 $\cos \alpha$、$\tan \alpha$.

6. 已知 $\tan \alpha = 3$,求 $\sin \alpha$、$\cos \alpha$.

B 组

1. 化简:

(1) $\dfrac{\sin(\alpha+\pi)\cos(\pi+\alpha)\cos(\alpha+2\pi)}{\tan(\pi+\alpha)\cos^3(-\alpha-\pi)}$;

(2) $\dfrac{\sqrt{1-\cos^2(\pi-\alpha)}}{\cos(-\alpha)}$ (α 为第三象限的角).

2. 函数 $y = a + b\sin x$ ($b < 0$) 的最大值为 $\frac{3}{2}$,最小值为 $-\frac{1}{2}$,写出函数的解析式.

光周期现象及其应用

一年四季的轮回,昼夜的变化,大海的潮汐现象,声波的震动……大量的周期现象,伴随着人类的生存而不断持续着,在自然界中周期现象是普遍存在的.

认识周期现象,为人类造福,是科学家攻关研究的课题之一.

光周期是指昼夜周期中光照期和暗期长短的交替变化.光周期现象是生物通过感受昼夜长短而控制生理反应的现象.

光周期现象是美国的 Garner 和 Allard 发现的.1910 年,他们发现了两个难以解释的现象:一个是烟草品种马里兰猛犸象,在夏季株高可达 3~5 m,但是不开花,如果在冬季的温室里,株高不到 1 m 就可以开花;另一个是,某个大豆品种,在春季的不同时间进行播种,但在夏季的同一时间开花,不同播种期大豆的营养体大小不同.

上述现象说明植物在特定季节开花,因此他们认为一定有某个环境因子控制着花开.大家知道,主要的环境因子有温、光、水、气、矿质营养,随季节变化的主要是温度和光照长度.因此,他们检验了日照长度对烟草开花的影响,发现只有当日照短于 14 h 时,烟草才开花,否则不开花.后来又发现许多植物开花需要一定的日照长度,如冬小麦、菠菜、萝卜、豌豆、天仙子等.

在 24 h 昼夜周期中,日照长度短于一定时数才能开花的植物叫作短日植物.如美洲烟草、大豆、水稻、玉米、粟、菊花、苍耳等.

在 24 h 昼夜周期中,日照长度长于一定时数才能开花的植物叫作长日植物.如大麦、小麦、黑麦、萝卜、菠菜、甘蓝、大白菜、天仙子、甜菜等.

开花不受日照长短的影响,在任何日照下都能正常开花的植物叫作日中性植物.如棉花、番茄、茄子、四季豆、月季.

植物在获得一定天数的适宜的光周期后,即使转至非适合的光周期下,仍可保持光周期影响.这就表明光周期刺激的效果,可以保留在体内,以后在任一个光周期条件下均可开花.

植物所需的适宜光周期数,因植物种类、年龄及环境条件不同而不同.在一定时间内给予植物适宜的光周期影响,以后即使置于不适宜的光周期条件下,光周期的影响仍可持续下去,这种现象叫作光周期诱导.

生物学家利用光周期诱导,使得在寒冷的北方,也能生长热带植物,为人类带来丰富的食物品种,将世界打扮得更加绚丽.

本书部分数学符号

$\in$	$x \in A$	x 属于 A；x 是集合 A 的一个元素
$\notin$	$y \notin A$	y 不属于 A，y 不是集合 A 的一个元素
$\{,\cdots,\}$	$\{a,b,c,\cdots,n\}$	诸元素 $a,b,c,\cdots,n$ 构成的集合
$\{\mid\}$	$\{x \in A \mid p(x)\}$	使命题 $p(x)$ 为真的 A 中诸元素之集合
$\varnothing$		空集
N		非负整数集；自然数集
$\mathbf{N}^*$ 或 $\mathbf{N}_+$		正整数集
Z		整数集
Q		有理数集
R		实数集
$\subseteq$	$B \subseteq A$	B 含于 A；B 是 A 的子集
$\subsetneqq$	$B \subsetneqq A$	B 真包含于 A；B 是 A 的真子集
$\cup$	$A \cup B$	A 与 B 的并集
$\cap$	$A \cap B$	A 与 B 的交集
$\complement$	$\complement_A B$	A 中子集 B 的补集或余集
$[,]$	$[a,b]$	$\mathbf{R}$ 中由 a 到 b 的闭区间
$(,)$	(a,b)	$\mathbf{R}$ 中由 a 到 b 的开区间
$[,)$	$[a,b)$	$\mathbf{R}$ 中由 a（含于内）到 b 的右半开区间
$(,]$	$(a,b]$	$\mathbf{R}$ 中由 a 到 b（含于内）的左半开区间
$f(x)$		函数 f 在 x 的值
$f:A \to B$		集合 A 到集合 B 的映射